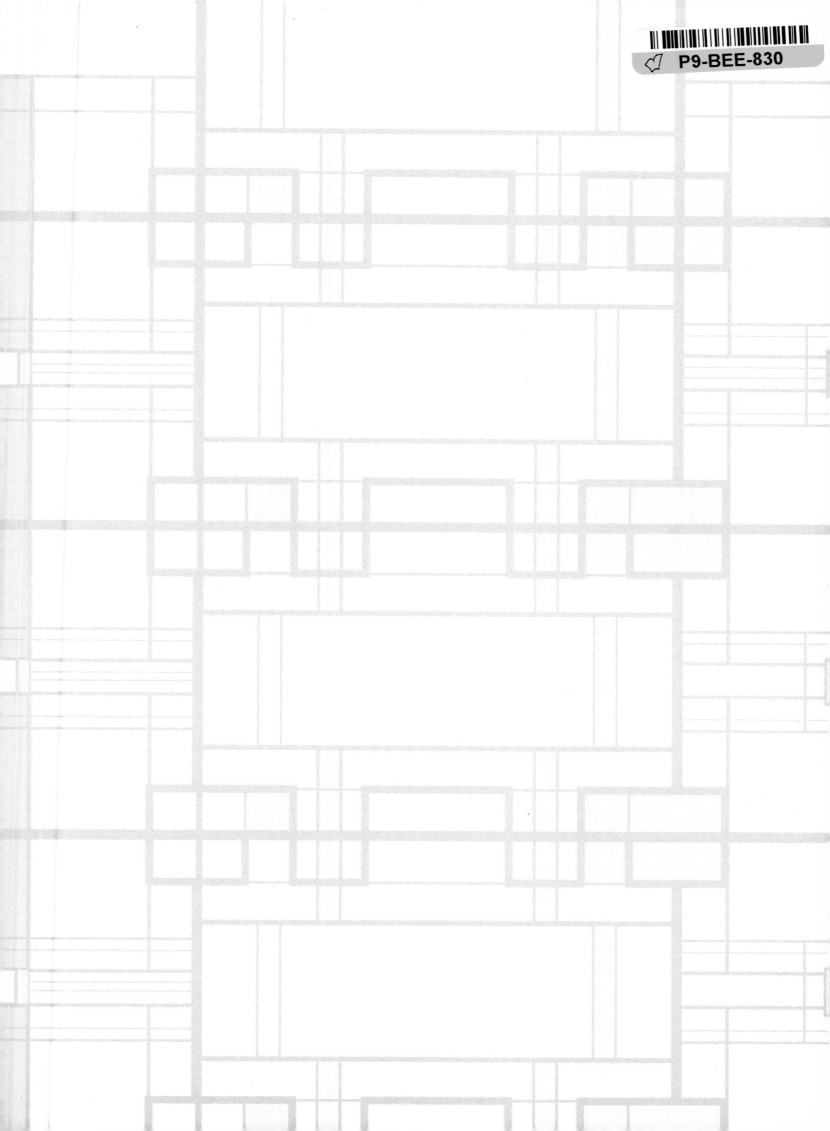

The Supreme Court of Canada and Its Justices 1875–2000

A Commemorative Book

La Cour suprême du Canada et ses juges 1875–2000

Un livre commémoratif

Catalogue Number: JU3-26/2000

Author: Supreme Court of Canada

Canadian Cataloguing in Publication Data

The Supreme Court of Canada and its justices = La Cour suprême du Canada et ses juges

Co-published by the Supreme Court of Canada.

Text in English and French.

Includes bibliographical references.

ISBN 1-55002-341-1

1. Canada. Supreme Court. 2. Judges — Canada — Biography.
I. Canada. Supreme Court. II. Title: Cour suprême du Canada et ses juges.

KE8244.S94 2000   347.71'035   C000-931874-7E
KF345.S94 2000

Numéro de catalogue : JU3-26/2000

Auteur : Cour suprême du Canada

Données de catalogage avant publication (Canada)

The Supreme Court of Canada and its justices = La Cour suprême du Canada et ses juges

Pub. en collab. avec la Cour suprême du Canada.

Texte en anglais et en français.

Comprend des réf. bibliog.

ISBN 1-55002-341-1

1. Canada. Cour suprême. 2. Juges — Canada — Biographies. I. Canada. Cour suprême. II. Titre: Cour suprême du Canada et ses juges.

KE8244.S94 2000   347.71'035   C00-931874-7F
KF345.S94 2000

Table of Contents

Table des matières

Through thousands of decisions, the Supreme Court of Canada has woven the tissue of Canadian justice. If one searches one can find missed stitches. But usually one finds that they have been taken up and reworked to make a fabric that is strong, serviceable and satisfying to our sense of how things should be in this, our part of the world. I think it is not exaggerating to say that in its first century and a quarter, the Supreme Court of Canada served Canadians well.

The Right Honourable Beverley McLachlin, P.C., Chief Justice of Canada
Swearing-in Ceremony, Supreme Court of Canada, Ottawa, January 17, 2000

Avec des milliers de décisions, la Cour suprême du Canada a tissé la toile de la justice canadienne. En cherchant bien, on trouve quelques fils manquants. Mais on voit aussi que la plupart ont été repérés et retravaillés pour créer une toile solide, utile et correspondant à notre conception de la justice. Sans crainte d'exagérer, je crois qu'on peut affirmer qu'au cours de ses 125 premières années, la Cour suprême du Canada a bien servi les Canadiens.

La très honorable Beverley McLachlin, c.p., Juge en chef du Canada,
cérémonie d'assermentation du 17 janvier 2000, Cour suprême du Canada, Ottawa

IVSTITIA

"Justice" by Walter S. Alward – Front Entrance ◇ « Justice » de Walter S. Alward à l'entrée principale

Preface

Préface

The Right Honourable Beverley McLachlin, P.C.,
Chief Justice of Canada

La très honorable Beverley McLachlin, c.p.,
Juge en chef du Canada

One hundred and twenty-five years is not a long time, especially when considered in lifetimes. Think of it this way: Justice Michel Bastarache, who was appointed to the Supreme Court of Canada in 1997, was born in 1947. That same year, Justice Albert Hudson died, not long after his retirement from the Court. He was born in 1875, the year the Court was created. So our Court's history does not even span two lifetimes.

But what an extraordinary history it is. Those who drafted the *British North America Act, 1867* correctly identified a national court system as essential to the new country and its emerging democracy. At its head would stand the Supreme Court of Canada. Yet for most of its first 100 years, the Supreme Court of Canada was, all things told, a modest affair. In fact, until 1949, it was not even the final court of appeal for the country, an honour reserved for the Judicial Committee of the Privy Council, sitting in London. Recent decades, however, have witnessed great change. Canada's population, industry and wealth have increased. And its major cities have experienced explosive growth. Aided by the 1982 *Charter of Rights and Freedoms*, Canadians have brought to the fore long-neglected problems such as the unequal treatment of women, the situation of Canada's Aboriginal peoples and the sexual abuse of children. All this has changed the work of the Court and transformed it from a quiet place to a national institution that is always in the public eye.

I have mentioned the work of the Court, but a court is more than its docket. It is people, and it is a place. This book is about both.

A court reflects the people who serve on it. Since 1875, 74 justices have served on the Supreme Court of

Cent vingt-cinq ans, ce n'est pas long en termes de vies. En voici une illustration : le juge Bastarache a été nommé à la Cour suprême du Canada en 1997. Or, il est né en 1947, année du décès du juge Albert Hudson, qui lui était né en 1875, année de la création de la Cour. L'histoire de notre Cour porte donc sur une période qui ne couvre même pas deux vies.

Cette histoire n'en est pas moins extraordinaire. Les rédacteurs de l'*Acte de l'Amérique du Nord britannique, 1867* avaient raison de croire qu'un système judiciaire national serait essentiel à l'épanouissement de notre jeune pays et de sa démocratie naissante. Au sommet du système, on a placé la Cour suprême du Canada. Tout bien pesé, la Cour suprême du Canada a joué un rôle modeste pendant la majeure partie de son premier siècle d'existence. Jusqu'en 1949, elle n'avait même pas l'honneur d'être la juridiction de dernier ressort, rôle dévolu jusque-là au Comité judiciaire du Conseil privé siégeant à Londres. Les dernières décennies ont été marquées par de grands changements. La population du Canada a augmenté, l'activité industrielle et la richesse aussi. Ses principales villes ont considérablement grandi. Disposant depuis 1982 de la *Charte canadienne des droits et libertés*, les Canadiens ont abordé des problèmes longtemps négligés, notamment l'inégalité de traitement réservée aux femmes, la situation des peuples autochtones du Canada et l'abus sexuel d'enfants. Tout cela a transformé le travail et l'image de la Cour. D'un lieu tranquille, elle est devenue une institution nationale placée sous le regard attentif du public.

J'ai mentionné le travail de la Cour, mais un tribunal c'est aussi les gens qui le forment et l'édifice qui l'abrite, deux aspects que cet ouvrage veut célébrer.

Canada. They have come from all parts of the country and all walks of life. And in recent years, both genders have been represented. The Canadians who have served on the Court have made it what it is today. In this book, we acknowledge them. You will find among the *dramatis personae* the giants of Canadian law, too numerous to mention here, whose judgments provided judicial leadership to a fledgling dominion, to an independent state and, finally, to a respected member of the family of nations.

A court is also a place. The Supreme Court building on the banks of the Ottawa River, home to the Court since 1946, has become a landmark — for Ottawa and the Canadian justice system. It was designed by the celebrated Canadian architect Ernest Cormier as an enduring symbol of justice. It has richly fulfilled that expectation. We are grateful for this opportunity to share with Canadians the national treasure that is the Supreme Court building.

We present this book as a permanent remembrance of the 125th anniversary of the Supreme Court of Canada. We hope it will contribute to Canadians' understanding of one of the country's most important institutions.

Un tribunal est à l'image de ses juges. Depuis 1875, 74 juges venus de tous les coins du pays et de tous les milieux ont siégé à la Cour suprême du Canada. Des femmes ont récemment joint leurs rangs. Ce sont ces Canadiens qui ont modelé la Cour d'aujourd'hui. Nous soulignons leur apport dans cet ouvrage. Parmi ces différents personnages hauts en couleur, vous découvrirez les géants du droit canadien, trop nombreux pour les nommer ici, dont les jugements ont balisé l'essor de notre pays du statut de nouveau dominion à celui d'État indépendant et, finalement, au statut de membre respecté de la communauté des nations.

Un tribunal, c'est aussi un lieu physique. L'édifice de la Cour suprême, sur les rives de l'Outaouais, abrite la Cour depuis 1946. C'est un monument, à Ottawa comme à l'échelle du système de justice canadien. En le concevant, le célèbre architecte canadien Ernest Cormier a réussi à ériger un symbole durable de la justice. Nous sommes heureux de mieux faire connaître aux Canadiens ce trésor national.

Cet ouvrage se veut un souvenir permanent du 125e anniversaire de la Cour suprême du Canada. Nous espérons qu'il contribuera à rapprocher les Canadiens d'une des institutions les plus importantes de leur pays.

The Supreme Court of Canada   La Cour suprême du Canada

History  L'histoire

Although its early days were perilous, with its survival not certain, [the Supreme Court of Canada] has surmounted many challenges to its jurisdiction and has, I venture to say, earned the stability and confidence which it now reflects in its work. It has come out from the shadow of the Judicial Committee of the Privy Council, in political recognition that an independent nation must have its own independent final court. The players change, of course, but the institution lives on.

The Right Honourable Bora Laskin, P.C. *Process and Procedure in the Supreme Court of Canada,* Address to The Continuing Legal Education Society of Nova Scotia, Halifax, October 2, 1981

Malgré les difficultés et l'incertitude qui ont marqué ses débuts, [la Cour suprême du Canada] a surmonté maintes contestations de sa compétence et a gagné la stabilité et la confiance qu'elle reflète aujourd'hui dans son travail. Elle est sortie de l'ombre du Comité judiciaire du Conseil privé, reconnaissance politique du fait qu'une nation indépendante doit disposer de son propre tribunal indépendant de dernier ressort. Les acteurs changent, certes, mais l'institution, elle, demeure.

Le très honorable Bora Laskin, c.p., *Process and Procedure in the Supreme Court of Canada,* allocution prononcée le 2 octobre 1981, à Halifax, devant la Continuing Legal Education Society of Nova Scotia

The Court's original courtroom   L'ancienne salle d'audience de la Cour

A Brief History of the Court

Un bref historique de la Cour

The Right Honourable Antonio Lamer, P.C.,
Chief Justice of Canada, 1990-2000

Le très honorable Antonio Lamer, c.p.,
Juge en chef du Canada, 1990-2000

The Supreme Court of Canada, now a national institution of great significance, had an inauspicious beginning. We do not know whether the public gallery was occupied on that winter day, the 17th of January, 1876, when the Court opened for business. But if there was any expectation of witnessing history in the making, it must surely have met with disappointment. A transcript of the day's proceedings states starkly: "There being no business to dispose of, the Court rose."[1]

Against this quiet, unpromising beginning, one can juxtapose the modern reality: television crews swarming over the lobby of the courthouse, demonstrators picketing on the steps, and newspapers routinely reporting the Court's latest judgments on the front page. Between the one scene and the other, there is a story. It is a story of individual men and women striving for justice and tackling vexing legal problems one case at a time. It is a story of a changing society and its evolving values and norms. It is a story of an institution that has grown with Canada and helped Canada grow. It is the story of the Supreme Court of Canada.

In the constitutional conferences that led to the creation of Canada in 1867, there was very little discussion about a supreme court. Indeed, the Fathers of Confederation were content simply to provide for the possibility of creating such a court and let Parliament consider the idea later.[2] Section 101 of the *British North America Act, 1867* authorized Parliament to "provide for the Constitution, Maintenance, and Organization of a General Court of Appeal for Canada ..."

It took another eight years, and considerable debate, for the Supreme Court to be established. The first Canadian government, under Sir John A. Macdonald, introduced

La Cour suprême du Canada, qui est aujourd'hui une grande institution nationale, est née sous des auspices peu favorables. On ne sait pas s'il y avait une assistance dans la tribune du public en ce 17 janvier 1876, quand elle a tenu sa première séance. Quoi qu'il en soit, tout espoir d'être témoin d'une page d'histoire aurait été déçu. Une phrase lapidaire consignée au procès-verbal résume ce qui s'est passé : « N'étant saisie d'aucune demande, la Cour clôt l'audience »[1].

Tranchant avec ces débuts discrets et peu prometteurs, des images modernes viennent à l'esprit : le hall d'entrée de la Cour grouillant d'équipes de télévision, les marches de l'édifice envahies par des manifestants brandissant des pancartes, les jugements de la Cour faisant régulièrement la une. Entre les deux, il y a une histoire à raconter : l'histoire d'hommes et de femmes à la recherche de la justice qui règlent d'épineux problèmes juridiques, une affaire à la fois. C'est l'histoire d'une société changeante et de l'évolution de ses valeurs et de ses principes. C'est l'histoire d'une institution qui a grandi avec le Canada et l'a aidé à se développer. C'est l'histoire de la Cour suprême du Canada.

Il est très peu question d'une cour suprême lors des conférences constitutionnelles qui précèdent la création du Canada en 1867. Se bornant à prévoir la possibilité de créer un tel tribunal, les Pères de la Confédération laissent au Parlement le soin d'examiner l'idée plus tard[2]. L'article 101 de l'*Acte de l'Amérique du Nord britannique, 1867* autorise le Parlement à « créer, maintenir et organiser une cour générale d'appel pour le Canada... »

Après 1867, il faudra encore huit années et beaucoup de discussions avant que la Cour suprême ne voie le jour. Le premier gouvernement du Canada, dirigé par

11

bills in 1869 and 1870 to provoke discussion of the subject, but there was little consensus.[3] Some parliamentarians questioned the need for a supreme court. Others wondered whether appeals to the Judicial Committee of the Privy Council in England should be abolished at the same time. Many were concerned about how best to protect the special status of Quebec and its separate system of civil law.[4] The Macdonald government was unable to reconcile the competing concerns before it went down to electoral defeat in 1873.

In 1875 Alexander Mackenzie's government took up the issue in earnest, stating in its Throne Speech that a supreme court was "essential to our system of jurisprudence and to the settlement of constitutional questions."[5] Later that year, Parliament enacted the *Supreme Court Act*, which created a court with six members — a chief justice and five puisne (literally "later born") justices.[6] This legislation responded to Quebec's special concerns in two ways. First, it required that two judges be from the bar of Quebec.[7] Second, it limited the Court's jurisdiction in civil appeals from that province by requiring a minimum amount in dispute of $2,000.[8] (Similar jurisdictional limits on appeals from other provinces were introduced much later.)[9] So, in 1875, Parliament created a final Canadian appeal court — the Supreme Court of Canada.

The Mackenzie government was actually prepared to end appeals to the Privy Council outright and accepted an amendment to that end.[10] However, legal manoeuvres in England prevented it from taking effect. That part of the legislation created a risk, which lingered for some time after the Court's first sitting, that England would disallow the Canadian statute. Canada's negotiator eventually appeased the English authorities by agreeing to a reinterpretation of the ambiguous provisions of the Act that governed such appeals. Parties would be able to appeal judgments of the Supreme Court of Canada with leave of the Privy Council.[11] *Per saltum* appeals would also remain possible.[12] These were appeals directly from provincial appeal courts to the Privy Council, which would leave the Supreme Court out in the cold.[13]

The Governor General, Lord Dufferin, made his own contribution to the newly created court. On December 23, 1875, he wrote: "I have put the judges into red robes and

sir John A. Macdonald, présente des projets de loi en 1869 et 1870 pour provoquer un débat sur la question, mais aucun consensus ne se dégage[3]. Certains parlementaires doutent de la nécessité de créer une cour suprême. D'autres se demandent s'il faut abolir en même temps les appels devant le Comité judiciaire du Conseil privé d'Angleterre. Beaucoup s'interrogent sur la meilleure façon de protéger le statut particulier du Québec et son système de droit civil distinct[4]. Le gouvernement Macdonald ne réussit pas à concilier les intérêts en jeu avant la défaite électorale de 1873.

En 1875, le gouvernement d'Alexander Mackenzie s'attaque à la question et déclare, dans son discours du Trône, que la création d'une cour suprême est « essentielle à notre système de jurisprudence et au règlement des questions constitutionnelles »[5]. Plus tard dans l'année, le Parlement promulgue la *Loi sur la Cour suprême*, qui crée une cour composée de six membres — un juge en chef et cinq juges puînés (littéralement « puis nés »)[6]. La Loi répond aux préoccupations particulières du Québec de deux façons. En premier lieu, deux juges seront choisis parmi les membres du Barreau du Québec[7]. En second lieu, la Loi restreint la compétence de la Cour en ce qui a trait aux appels civils provenant de cette province en fixant à 2 000 $ la valeur minimale des litiges[8]. (Des limites similaires aux appels provenant des autres provinces seront adoptées beaucoup plus tard[9].) C'est ainsi que, en 1875, le Parlement crée une cour d'appel canadienne de dernier ressort — la Cour suprême du Canada.

Le gouvernement Mackenzie est en fait disposé à abolir carrément les appels au Conseil privé et accepte un amendement en ce sens[10]. Cependant, les menées de certains milieux juridiques anglais font échec à ces dispositions. Cette partie de la Loi suscite la crainte, qui a persisté quelque temps après la première audience de la Cour, que l'Angleterre ne désavoue la loi canadienne. Le négociateur du Canada réussit à gagner les autorités anglaises en se mettant d'accord sur une nouvelle interprétation des dispositions ambiguës de la Loi qui régissent ces appels. Les justiciables pourront faire appel des jugements de la Cour suprême du Canada sur autorisation du Conseil privé[11]. Il sera encore possible de former un appel *per saltum*[12], c'est-à-dire d'interjeter

Justices and court
officials, 1894

Juges et fonctionnaires
de la Cour, 1894

directement appel d'un arrêt d'une cour d'appel provinciale devant le Conseil privé, ce qui permet d'écarter la Cour suprême[13].

Le gouverneur général, lord Dufferin, apporte sa propre contribution à la nouvelle cour. Le 23 décembre 1875, il écrit : « J'ai revêtu les juges de rouge et d'hermine, ce qui ne s'est pas vu jusqu'ici au Canada. Cette tenue est réservée aux grandes occasions. Pour les audiences ordinaires, ils porteront la robe noire garnie de menu-vair »[14]. Parmi les grandes occasions évoquées par lord Dufferin, signalons le prononcé des jugements dans les affaires où la peine capitale pouvait être infligée à l'époque où elle existait encore au Canada[15]. Aujourd'hui

The Court's original quarters

L'ancien édifice de la Cour

Future site of the Court as it appeared in the 1880s   Le site futur de la Cour vers 1880

ermine, which has hitherto been a dress unknown in Canada. This will be only for red letter days. On ordinary occasions, they will wear black robes trimmed with miniver."[14] The "red letter days" to which Lord Dufferin referred included the rendering of judgment in capital cases when Canada still had the death penalty.[15] Today, the judges wear red robes only for special ceremonial occasions, such as the swearing in of new justices or the reading of the Speech from the Throne in the Senate.[16]

The judges themselves did not have time to draft rules for the Court until several weeks after the first sitting,[17] but Ottawa officialdom quickly applied itself to making a place for the new Supreme Court of Canada. At first, the Court was given only a few borrowed offices in the Parliament buildings. The judges heard cases for a while in the former reading room of the Senate and later moved to the room just south of the new Library of Parliament.

The Court's early cases ranged from the serious to the somewhat farcical. In the very first volume of the *Canada Supreme Court Reports*, a case in which the judges took a then-controversial stand against religious interference in elections,[18] appears alongside one in which

les juges ne portent la robe rouge que lors de cérémonies officielles, telles l'assermentation d'un nouveau juge ou la lecture du discours du Trône au Sénat[16].

Les juges eux-mêmes n'ont le temps de rédiger des règles de pratique que plusieurs semaines après la première séance[17], mais la bureaucratie à Ottawa s'occupe tout de suite de loger la nouvelle Cour suprême du Canada. La Cour s'installe dans des bureaux empruntés aux édifices du Parlement. Les séances ont lieu pendant un certain temps dans l'ancienne salle de lecture du Sénat, puis dans une salle située au sud de la nouvelle bibliothèque du Parlement.

Au début, la Cour tranche des litiges variés qui vont du sérieux au quelque peu ridicule. Dans le tout premier volume du *Recueil des arrêts de la Cour suprême du Canada*, une affaire dans laquelle la Cour s'élève contre l'immixtion des autorités religieuses dans les élections[18], une position controversée à l'époque, côtoie une affaire dans laquelle elle rend un jugement de 62 pages (comportant six motifs de jugement différents) au sujet de la réparation à accorder à un demandeur dépossédé de son banc d'église préféré[19]. Le titulaire du banc obtient des dommages-intérêts « raisonnables mais non vengeurs » de 300 $.

14

The site of the Court in 2000 ◇ Le site de la Cour en 2000

they wrote 62 pages (and six separate judgments) about the remedy to be awarded to a plaintiff whose church had taken away his favourite pew.[19] The pew holder was awarded "reasonable but not vindictive" damages of $300.

All was not well in the early days. The Court lacked resources, and some judges were absent for long periods due to illness or other personal reasons. In addition, there seem to have been rather serious disagreements among the judges.[20] In 1880 one of the judges wrote to Prime Minister Macdonald, asking for the removal of one of his colleagues because his judgments were allegedly "long, windy, incoherent masses of verbiage, interspersed with ungrammatical expressions, slang and the veriest legal platitudes inappropriately applied."[21]

Given these kinds of problems, it was perhaps not surprising that some began to have doubts about the Supreme Court of Canada. The *Canada Law Journal* noted its lack of confidence in the Court several times.[22] In 1879 a member of Parliament brought a motion in the House of Commons to abolish the Court in order to save money.[23] What with the excessive salaries ($8,000 for the Chief Justice and $7,000 for puisne judges), the common opinion

Tout ne va pas pour le mieux au début. La Cour souffre d'un manque généralisé de ressources, et certains des juges sont absents pendant de longues périodes pour des raisons de maladie ou autres motifs personnels. En outre, les juges semblent avoir de sérieux conflits[20]. En 1880, l'un des juges demande au premier ministre Macdonald de révoquer l'un de ses collègues dont les jugements ne sont qu'un « verbiage incohérent et interminable, émaillé d'expressions grammaticalement fautives, de mots d'argot et des pires platitudes juridiques employées sans le moindre à-propos »[21].

Compte tenu de ces difficultés, il n'est peut-être pas étonnant que certains commencent à avoir des doutes au sujet de la Cour suprême du Canada. Le *Canada Law Journal* exprime à plusieurs reprises son manque de confiance en la Cour[22]. En 1879, un député présente une motion visant à abolir la Cour pour faire des économies[23]. Rappelant les traitements faramineux que touchent les juges (8 000 $ pour le juge en chef et 7 000 $ pour les juges puînés), l'opinion générale que « ces messieurs gagnent très facilement leur argent » et l'idée répandue parmi la « classe agricole » que le Canada croule

15

that "these gentlemen had very little to do for their money," and the concern among the "country people" that Canada had too many lawyers anyway, the honourable member concluded that the Court was "an excrescence which might be very well cut off."[24]

Although the Minister of Justice, James McDonald, first thought the motion a practical joke,[25] this was just the beginning of a number of intermittent parliamentary debates — in 1879, 1880 and 1881 — about the usefulness of the Supreme Court.[26] Party leaders were determined to keep the Court. Prime Minister Macdonald argued that the Court needed more time to prove itself. Mackenzie described the Court as "a necessary complement to our system of self-government in this country."[27] Yet many backbenchers saw the Court as a waste of money. Some Quebec members expressed concerns that the Supreme Court did not understand civil law and noted that only three of the six judges understood French.[28] At a time when simultaneous interpretation services were not available, this was a serious concern. In the end, however, most parliamentarians were prepared to give the Court a better opportunity to show its worth.

There were attempts by some members to curtail the Court's jurisdiction as late as 1903,[29] but they garnered nowhere near the level of support behind the early drive to abolish the Court. Over time, gradual improvements at the Court seemed to ward off further thoughts of abolition. Many of these took place behind the scenes. For example, Prime Minister Sir John Thompson persuaded some of the judges to resign and replaced them with more suitable members.[30] There would still be controversial appointments on later occasions, such as in 1906 when the Minister of Justice, Charles Fitzpatrick, was appointed Chief Justice.[31] But the process gradually became far less political and a focus on the selection of excellent jurists became the norm.

Contemporary observers referred to the politeness and dignity of the Court's proceedings.[32] These were interrupted only on such rare occasions as when a member of Parliament announced his enthusiastic approval of an argument by yelling out "Hear! Hear!"[33] and when a chief justice was charged with assault after allegedly taking his disagreement with a lawyer into the hallway.[34] In modern times, chief justices have managed to resist any such temptations.

déjà sous le nombre d'avocats, le député conclut que la Cour est « une institution inutile qui pourrait très bien disparaître »[24].

Le ministre de la Justice, James McDonald, croit d'abord qu'il s'agit d'une plaisanterie[25], mais ce n'est que le début d'une série de débats parlementaires intermittents qui ont lieu en 1879, 1880 et 1881 au sujet de l'utilité de la Cour suprême[26]. Les chefs de parti sont décidés à conserver la Cour. Le premier ministre Macdonald fait valoir qu'elle a besoin de temps pour montrer ce dont elle est capable. Mackenzie qualifie la Cour de « complément obligé de notre système de gouvernement responsable »[27]. Cependant, pour de nombreux députés, la Cour est un gaspillage d'argent. Certains députés du Québec craignent que la Cour suprême ne comprenne pas le droit civil et font remarquer que seuls trois des six juges parlent français[28]. À une époque où les services d'interprétation simultanée n'existent pas, il s'agit là d'un problème sérieux. Mais, finalement, la plupart des parlementaires décident de donner à la Cour la possibilité de faire ses preuves.

Jusqu'en 1903, des députés attaqueront la compétence de la Cour[29] sans toutefois parvenir à susciter un mouvement d'opposition comparable aux premières tentatives d'abolition. Avec le temps, les améliorations graduelles apportées au sein de la Cour semblent chasser des esprits l'idée d'abolition. Bon nombre de ces changements ont lieu en coulisses. Par exemple, le premier ministre, sir John Thompson, réussit à convaincre certains juges de démissionner et les remplace par des juristes qui conviennent davantage[30]. Il y aura encore des nominations controversées par la suite, en 1906 par exemple, lorsque le ministre de la Justice, Charles Fitzpatrick, est nommé juge en chef[31]. Le processus de nomination des juges devient progressivement beaucoup moins politique et la norme clairement fondée sur le choix d'excellents juristes s'impose.

Les observateurs de l'époque font allusion à la politesse des débats et à la dignité des audiences de la Cour[32]. Elles ne sont interrompues qu'à de rares occasions, par exemple le jour où un député crie « Bravo! » pour signaler l'approbation enthousiaste que lui inspire un argument[33] et le jour où le juge en chef est accusé de voies de fait

Spectators gather for the laying of the cornerstone in 1939

La foule réunie pour la pose de la pierre angulaire en 1939

In 1881 the Supreme Court of Canada moved into the second storey of a converted stable and workshop at the corner of Bank and Wellington streets. The first floor housed the national art gallery. The lack of its own building was a result of both economic circumstances and a desire on the government's part not to draw undue attention to the controversial new court. Chief Justice Sir William Johnstone Ritchie (great-uncle of Justice Roland Ritchie) hoped the gallery would soon move out so that the Court could have a proper library. For the time being, though, the Court made do, and modest renovations over the years gradually made conditions more acceptable and rendered the appearance of the building more in keeping with the Court's stature.

Improvements to the edifice that housed the Court were followed by adjustments to the Court's legal structure. Under the 1875 *Supreme Court Act*, the justices of the Supreme Court had been required to sit as justices of the Exchequer Court, the predecessor of the Federal Court, and to travel to its hearings in Toronto, Montreal and Halifax. In 1887 the Exchequer Court became a separate body,[35] which simplified life considerably. At the same time, part of Chief Justice Ritchie's wish came true: the national gallery moved out of the shared building. But the Exchequer Court moved in, so little space was gained in the exchange of tenants.

Reforms intended to increase the Court's prestige followed over the years. The registrar of the Court was elevated to the level of a deputy head in the public service, and the Chief Justice was made *ex officio* the Deputy Governor General in recognition of the significance of his office.[36] The Chief Justice was also named to the Judicial Committee of the Privy Council in England, thus acquiring the title given to all members of the Imperial Privy Council, "Right Honourable."[37] When appeals beyond the Supreme Court of Canada were terminated in 1949, chief justices became members of the Canadian Privy Council only, and held the corresponding title "Honourable," as did most members of the Council. After 1968, however, the title "Right Honourable" was restored in recognition of the office.

In 1927 the government introduced two major amendments to the *Supreme Court Act*. The first increased the number of judges to seven. Over the years, a custom

pour avoir voulu régler dans un couloir le désaccord qui l'oppose à un avocat[34]. Les juges en chef qui ont suivi ont résisté à ce genre de tentation.

En 1881, la Cour suprême du Canada emménage au premier étage d'un ancien atelier au coin des rues Bank et Wellington. Le rez-de-chaussée est occupé par le musée des beaux-arts. La Cour ne dispose pas de son propre édifice en raison de la situation économique et du désir du gouvernement de ne pas attirer indûment l'attention sur la nouvelle cour controversée. Le juge en chef sir William Johnstone Ritchie (le grand-oncle du juge Roland Ritchie) espère que le musée déménagera afin que la Cour puisse se doter d'une bibliothèque convenable. Toutefois, la Cour prend les choses comme elles sont et, au fil des ans, de modestes travaux de rénovation améliorent graduellement la situation et rendent l'apparence de l'édifice plus conforme au statut de la Cour.

Les travaux de rénovation de l'édifice sont suivis par des modifications à la structure légale de la Cour. Sous le régime de la *Loi sur la Cour suprême* de 1875, les juges de la Cour suprême doivent également siéger à la Cour de l'Échiquier, aujourd'hui remplacée par la Cour fédérale, et se déplacer pour entendre des affaires à Toronto, Montréal et Halifax. À compter de 1887, la Cour de l'Échiquier devient un tribunal distinct[35], ce qui simplifie considérablement les choses. En même temps, une partie du souhait du juge en chef Ritchie se réalise. En effet, le musée des beaux-arts quitte l'édifice qu'il partageait avec la Cour. Cependant, la Cour de l'Échiquier s'y établit, et le changement de locataires n'apporte que très peu d'espace additionnel à la Cour.

Des réformes visant à rehausser le prestige de la Cour se succèdent au cours des années. Le registraire de la Cour est élevé au rang de sous-ministre et le juge en chef est nommé *ex officio* gouverneur général suppléant en reconnaissance de l'importance de sa fonction[36]. En outre, le juge en chef est nommé membre du Comité judiciaire du Conseil privé d'Angleterre, portant ainsi le titre de « très honorable[37] » comme tous les autres membres du Conseil privé impérial. Lorsqu'on abolit les appels au Conseil privé en 1949, les juges en chef ne sont plus que membres du Conseil privé canadien et portent le titre

Queen Elizabeth lays the cornerstone of the new building
in the presence of King George VI and Prime Minister Mackenzie King

La Reine Élizabeth pose la pierre angulaire du nouvel édifice
en la présence du Roi George VI et du Premier ministre Mackenzie King

of regional representation on the bench had developed so that the judges would bring a rich diversity of experience and understanding to the Court. The seventh judge, selected from the Prairies, sat alongside one judge from British Columbia, two from Ontario, one from the Atlantic provinces and two from Quebec. Having seven judges eliminated the possibility of a tie vote when the full bench sat.[38]

The second amendment introduced mandatory retirement for Supreme Court justices at the age of 75. The government had become concerned that old age was taking its toll on some members of the Court. Compulsory retirement would help to ensure that judges left the Court before becoming, in Prime Minister Mackenzie King's words, "senile."[39]

Parliament later made a special exception to mandatory retirement for one judge of outstanding ability who remained in top judicial form even past the mandatory retirement age.[40] The career of Chief Justice Sir Lyman Duff, who served on the Court for over 37 years (1906–1944), provides a useful window into the Court's

correspondant d'« honorable » comme la plupart des membres du Conseil. Après 1968, toutefois, le titre de « très honorable » est rétabli en reconnaissance de l'éminence de leur fonction.

En 1927, le gouvernement apporte deux modifications importantes à la *Loi sur la Cour suprême*. La première fait passer l'effectif à sept juges. Au fil des ans, la représentation régionale est devenue une tradition à la Cour et lui apporte une riche diversité d'expériences et de connaissances. Le septième juge, provenant des Prairies, se joint alors à un juge de la Colombie-Britannique, deux juges de l'Ontario, un juge des provinces de l'Atlantique et deux juges du Québec. La nomination d'un septième juge élimine aussi la possibilité d'un partage des voix lorsque la Cour siège en formation complète[38].

La seconde modification fixe l'âge de la retraite obligatoire à 75 ans pour les juges de la Cour suprême. Le gouvernement craint que les effets du vieillissement ne se fassent sentir. La retraite obligatoire permet de veiller à ce que les juges quittent la Cour avant de devenir « séniles », selon le dire du premier ministre Mackenzie King[39].

Chief Justice Duff   Le juge en chef Duff

jurisprudence of the time and the public's growing respect for the abilities of Canada's highest court. Chief Justice Duff was a judge of an earlier era. He was the last chief justice to be granted an English knighthood, an unusual honour even at that time. But he was also a symbol of the Canadian judicial system at its finest. In 1936, in an article about "The Seven Justices of the Red Robes," *Maclean's* unabashedly described Chief Justice Duff as "the most brilliant judge who ever sat on the bench in Canada" and lavished praise on the Supreme Court in general.[41]

The irony of such praise is that the Supreme Court at the time still functioned as what Professor (later to be Chief Justice) Bora Laskin aptly described as "a captive court."[42] The Court remained only an intermediate appeal court under the Judicial Committee of the Privy Council. Even a formidable jurist like Chief Justice Duff was essentially expounding a group of English law lords' vision for Canadian federalism, since the Supreme Court was bound to follow decisions of the Privy Council according to the doctrine of *stare decisis* — the rule that requires

Le Parlement fera plus tard une exception à la règle pour un juge d'une qualité exceptionnelle qui est resté en pleine forme judiciaire bien après l'âge de la retraite obligatoire[40]. La carrière du juge en chef sir Lyman Duff, qui siège à la Cour pendant plus de 37 ans (de 1906 à 1944), donne un aperçu des arrêts rendus par la Cour à l'époque et du respect grandissant du public pour les capacités du plus haut tribunal du pays. Le juge en chef Duff appartient à une autre époque. Il est le dernier juge en chef à être anobli par l'Angleterre, un honneur rare, même à l'époque. Mais il est également un symbole du système judiciaire canadien à son meilleur. En 1936, dans un article sur les « sept juges en toge rouge », *Maclean's* dit sans ambages qu'il est le plus brillant des juges à avoir siégé au Canada et fait l'éloge de la Cour suprême en général[41].

L'ironie c'est qu'à l'époque, la Cour suprême est encore une « cour captive », comme le dit si justement le professeur Bora Laskin[42], qui deviendra juge en chef. La Cour reste une cour d'appel intermédiaire soumise au Comité judiciaire du Conseil privé. Même un juriste formidable comme le juge en chef Duff ne fait qu'exposer la vision du fédéralisme canadien d'un groupe de lords juges anglais, puisque la Cour suprême est liée par les décisions du Conseil privé conformément au principe du *stare decisis* — la règle qui veut que les instances inférieures appliquent les décisions des instances supérieures[43]. Un exemple en est la décision abondamment critiquée de 1928 dans le renvoi concernant le mot *personne*[44] dans laquelle la Cour statue que les femmes ne peuvent pas devenir sénateurs. Elle rend une décision technique que même le Conseil privé est disposé à renverser. Tant que la Cour demeure une simple juridiction intermédiaire, le génie des meilleurs juristes sera étouffé.

Le début du XXe siècle est marqué par l'indépendance grandissante du Canada. Après la bataille de Vimy, les Canadiens exigent de plus en plus une place à part entière à la table des nations. Avec l'adoption du *Statut de Westminster* en 1931, c'est chose faite. Cet instrument confère finalement au Canada la pleine indépendance politique. Par la suite, l'idée que le droit canadien continue à être fixé par des juges anglais semble encore plus dépassée.

lower courts to apply the decisions of higher ones.[43] A regrettable example, one which many have criticized, is the "Persons" case[44] in 1928, when the Court ruled that women could not become senators, a technically based decision that even the Privy Council subsequently overruled. So long as the Court remained a mere intermediate body, the genius of even the best judges would be stifled.

The early twentieth century was a time of growing Canadian independence. After the Battle of Vimy Ridge, Canadians increasingly demanded a full place at the table of nations. With the *Statute of Westminster* in 1931, they obtained it. That instrument granted Canada full political independence. Thereafter, the notion that Canadian law would continue to be determined by English law lords seemed even more antiquated.

The road to the elimination of appeals to the Privy Council was a long and somewhat circuitous one. After the 1875 attempt to wipe out appeals failed, Parliament mustered the courage to try to abolish criminal appeals again in 1887. The resulting amendment to the *Supreme Court Act* remained on the books until 1926, when the Privy Council struck it down as outside Parliament's powers. Parliament tried again in 1933. This time the Privy Council upheld the legislation in the context of the *Statute of Westminster*.

Civil appeals to the Privy Council continued for some time thereafter. For many, the Privy Council's decisions striking down the Canadian "New Deal" legislation in the 1930s provided the necessary stimulus for reform.[45] Bills to eliminate all appeals to the Privy Council came to the House of Commons in 1937, 1938 and 1939. Finally, in 1939, the government posed to the Supreme Court the question of the constitutionality of such a measure in the form of a reference. The Court held that Parliament could indeed proceed. An appeal of the Court's decision could not be heard in the Privy Council until after the Second World War but, in 1946, after six days of argument, the Supreme Court's opinion was upheld. The Canadian Parliament could abolish all appeals to the Privy Council. There were a few further delays, but Parliament took the final step in 1949.[46] A new era had begun. The Supreme Court of Canada was finally supreme.[47]

La route menant à l'abolition des appels au Conseil privé est longue et quelque peu tortueuse. Après avoir échoué en 1875, le Parlement s'arme de courage pour essayer encore une fois d'obtenir l'abolition des appels criminels au Conseil privé en 1887. La modification à la *Loi sur la Cour suprême* qui en découle demeure en vigueur jusqu'à ce qu'elle soit annulée en 1926 par le Conseil privé, qui estime que le Parlement n'a pas le pouvoir de l'adopter. Le Parlement essaie à nouveau en 1933. Cette fois, le Conseil privé juge la disposition admissible dans le contexte créé par le *Statut de Westminster*.

Les appels civils au Conseil privé subsistent plus longtemps. Pour beaucoup, l'annulation par le Conseil privé de la législation canadienne « New Deal » dans les années 1930[45] crée le climat nécessaire pour une réforme. Des projets de loi visant à éliminer tous les appels au Conseil privé sont déposés devant la Chambre des communes en 1937, 1938 et 1939. Finalement, en 1939, le gouvernement défère, par renvoi, la question de la constitutionnalité d'une telle mesure à la Cour suprême. La Cour statue que le Parlement peut en effet adopter une telle loi. Ce n'est qu'après la Seconde Guerre mondiale que le Conseil privé entend l'appel de la décision de la Cour, mais, en 1946, après six jours de plaidoiries, l'opinion de la Cour suprême est maintenue. Le Parlement canadien peut abolir tous les appels au Conseil privé. Après quelques atermoiements, le Parlement met le projet à exécution en 1949[46]. Une nouvelle ère commence. La Cour suprême du Canada est enfin la juridiction suprême du pays[47].

Ce changement spectaculaire de statut pour la Cour coïncide à peu près avec un important coup de pouce symbolique donné à l'image de la Cour. En 1935, des inspecteurs des bâtiments et de la santé publique visitent les lamentables locaux de la Cour. Ils signalent des problèmes qui vont du risque d'incendie à la pourriture des planchers, en passant par l'infestation par les rongeurs et les insectes[48]. Cette situation déplorable incite le Parlement à approuver le financement d'un nouvel édifice. Le splendide bâtiment est achevé en 1941, mais il est occupé par diverses commissions pendant la guerre. La Cour n'emménage qu'en 1946. L'ancien édifice est détruit en 1956 pour faire place au stationnement situé près de

This dramatic change in the legal status of the Court roughly coincided with a major symbolic boost to the Court's image. In 1935 building and health inspectors descended on the Court's wretched quarters. They found problems ranging from fire hazards to decaying floors, and rodent and insect infestations.[48] These deplorable conditions helped spur Parliament to approve funding for a new building. The Court's spectacular new home was completed by 1941, although wartime commissions used it for the next four years. In 1946 the Court moved in. The old building was torn down in 1956 to make room for a parking lot beside the West Block of Parliament. Only a plaque remains to mark the place of the Court's previous home.

At that time, the number and distribution of justices on the Court were also changed to their current form. Two more judges were added, bringing the total to nine. Parliament also amended the *Supreme Court Act* to increase the number of Quebec judges from two to three, restoring the proportion of judges from Canada's only civil law jurisdiction to one-third, as it had been when the Court was first created.

The post-war era was a time for a new battle — a battle against injustice and indignity, and a battle for human rights. The peoples of the world created the United Nations, and governments around the world signed on to new international rights protection instruments. Canadian governments began passing human rights statutes to protect their citizens. In the 1950s, Canada's revamped Supreme Court showed itself conscious of this spirit and found ways to make its own contribution to social justice. In 1957 the Court struck down the so-called Padlock Law, by which the regime of Quebec Premier Maurice Duplessis had infamously restricted the freedoms of expression and association.[49] In 1959 it found Premier Duplessis personally liable for arbitrarily revoking the liquor licence of a restaurant owner who had come to the defence of Jehovah's Witnesses charged with the unlawful distribution of religious tracts. Justice Ivan Rand's opinion in the case, *Roncarelli v. Duplessis*,[50] stands to this day, along with the Court's more recent decision in the *Manitoba Language Rights*[51] case, as an important statement of the principle of the rule of law.

l'édifice de l'Ouest du Parlement. Seule une plaque marque aujourd'hui l'emplacement des anciens locaux occupés par la Cour.

C'est également à cette époque que sont fixés le nombre et la répartition des juges de la Cour tels qu'on les connaît aujourd'hui. Il y a dorénavant neuf juges. Le Parlement modifie également la *Loi sur la Cour suprême* afin de faire passer le nombre des juges du Québec de deux à trois, rétablissant la proportion des juges provenant de la seule province de droit civil au Canada à un tiers comme à l'époque de la création de la Cour.

L'après-guerre annonce une nouvelle bataille — la lutte contre l'injustice et l'indignité, la lutte pour le respect des droits de la personne. Les peuples du monde créent les Nations Unies, et les gouvernements du globe signent de nouveaux instruments internationaux de protection des droits. Au Canada, les gouvernements commencent également à adopter des lois sur les droits de la personne pour protéger leurs citoyens. Dans les années 1950, la Cour suprême du Canada, réorganisée, se montre sensible à l'esprit du temps et trouve le moyen de contribuer à la justice sociale. En 1957, la Cour annule la « loi du cadenas » par laquelle le régime du premier ministre du Québec, Maurice Duplessis, a gravement restreint les libertés d'expression et d'association[49]. En 1959, elle retient aussi la responsabilité personnelle du premier ministre Duplessis pour avoir arbitrairement révoqué le permis d'alcool d'un propriétaire de restaurant qui s'était porté à la défense de Témoins de Jéhovah accusés de diffusion illégale de tracts religieux. Les motifs du juge Ivan Rand dans l'arrêt *Roncarelli c. Duplessis*[50] constituent, encore aujourd'hui, avec la décision plus récente de la Cour dans le *Renvoi relatif aux droits linguistiques au Manitoba*[51], un énoncé important du principe de la primauté du droit.

Le juge Rand fait également partie des juges de la Cour suprême qui ont apporté une contribution importante à la société canadienne en remplissant des fonctions non judiciaires. Peu après sa nomination à la Cour suprême, il arbitre un conflit de travail et, à cette occasion, élabore la célèbre formule Rand qui prévoit que les travailleurs non syndiqués paient des cotisations syndicales. Cette formule sera largement reprise au Canada. Dans le même esprit, le travail du juge Emmett Hall est également

Justice Rand was also one of a number of Supreme Court justices who made major contributions to Canadian society in non-judicial contexts. In his early days at the Court, he served as an arbiter in a labour dispute. In the process, he developed the well-known Rand formula, according to which non-union workers contribute to union expenses. The formula has been widely applied in Canada. Justice Emmett Hall's work is also noteworthy in this vein. During his early days at the Court, he continued to work with the Royal Commission on Health Services, to which he had been appointed while Chief Justice of Saskatchewan. His recommendations led to the creation of the Canadian system of medicare. Because the involvement of Supreme Court justices in non-judicial activities has sometimes been controversial, and the workload of the members of the Court has increased considerably, there is now more restraint about such appointments.[52] Still, many members of the Supreme Court have served Canadian society in a variety of ways before, during, and after their years at the Court; many examples are cited in the biographies later in this book.

Over time, the Court has made internal changes to adapt to a new era. For instance, the Court found it necessary to expand its personnel in order to deal with the increased volume of written material submitted in relation to a rising number of cases. In 1968 the judges followed a suggestion that had circulated for years and hired law clerks.[53] Recent law-school graduates would come to the Court for one-year terms to assist the judges with legal research and help analyze written materials. To varying degrees, they also acted as something of a sounding board for the judges, who had previously worked in virtual isolation. In more recent years, the Court has expanded its permanent legal staff, in part to help deal with the massive number of applications for leave to appeal (now around 600 a year). Today, the Court's personnel constitutes a full-fledged community consisting of judges, judicial assistants, law clerks, court attendants, lawyers, librarians, finance officers, human resources personnel, law editors, jurilinguists, computer technicians, registry staff, tour guides, food services workers, and security staff. All of these people are dedicated to ensuring that the Court

remarquable. Après avoir été nommé à la Cour suprême, il continue les travaux entrepris pendant qu'il était juge en chef de la Saskatchewan dans le cadre de la Commission royale d'enquête sur les services de santé. Ses recommandations conduisent à la création du régime canadien d'assurance-maladie. Comme la participation des juges de la Cour suprême à des activités non judiciaires a parfois suscité des controverses et que la charge de travail des juges s'est considérablement alourdie, de telles nominations sont plus rares aujourd'hui[52]. Toutefois, beaucoup de juges de la Cour suprême ont servi la société canadienne de diverses façons avant, pendant et après leur passage à la Cour. De nombreux exemples sont donnés dans ce livre, dans les biographies des juges.

Avec le temps, des changements sont apportés au sein de la Cour pour s'adapter aux circonstances. Par exemple, la Cour estime nécessaire d'élargir son personnel afin de traiter un volume grandissant de documentation écrite concernant un nombre toujours plus élevé de litiges. En 1968, les juges retiennent une proposition qui circulait depuis des années et décident d'embaucher des clercs[53].

A Justice's chambers   Le bureau d'un juge

The Courtroom seen from the
judges' Conference Room

La salle d'audience vue de la salle
de réunion des juges

accomplishes its central mission of searching for truth and justice according to law in every case.

Partly in response to problems with too many concurring and dissenting judgments in the 1950s and 1960s, the judges gradually moved toward a more formalized conference procedure after oral hearings.[54] Today, they meet privately after a hearing to share their views, beginning with the newest member of the Court and ending with the Chief Justice. When they leave the conference, they generally know which judge will be writing the first draft of reasons. After the other judges see this draft, they share their comments with one another and gradually work toward the final version of the reasons that will be released. This is not an easy process, for the judges are fully aware that the Court's carefully chosen words have a major influence on lower courts and often on Canadian society as a whole.

Des étudiants frais émoulus des facultés de droit viennent travailler à la Cour pendant un an pour aider les juges dans la recherche juridique et l'analyse de la documentation. Après avoir travaillé des années dans l'isolement, les juges peuvent en quelque sorte se servir des clercs, à divers degrés, pour tester leurs idées. Au cours des dernières années, la Cour a également élargi son personnel juridique permanent, en partie pour l'aider à traiter le nombre massif de demandes d'autorisation d'appel (maintenant environ 600 par année). Aujourd'hui, le personnel de la Cour forme une communauté à part entière: juges, adjointes judiciaires, clercs, huissiers, avocats, bibliothécaires, agents des finances et des ressources humaines, arrêtistes, jurilinguistes, techniciens en informatique, personnel du greffe, guides, travailleurs des services alimentaires et personnel assurant la sécurité. Ils oeuvrent tous ensemble pour que la Cour s'acquitte de sa mission principale, qui est la recherche de la vérité et de la justice dans chaque affaire en conformité avec le droit.

En partie pour résoudre les difficultés suscitées par le nombre trop élevé de jugements individuels, concordants et dissidents, durant les années 1950 et 1960, les juges en sont venus graduellement à se réunir plus formellement à l'issue des audiences[54]. Aujourd'hui ils se réunissent en privé après l'audience pour recueillir le point de vue de chacun, en commençant par le juge le plus récemment nommé à la Cour et en terminant par le juge en chef. En général, à la fin de cette réunion, le juge chargé de rédiger la première ébauche des motifs est désigné. Après avoir pris connaissance de l'ébauche, les autres juges font part de leurs commentaires et les motifs définitifs sont élaborés graduellement. Aucune de ces étapes n'est facile, car les juges savent trop bien l'importance du choix des mots pour les juridictions inférieures et souvent pour l'ensemble de la société canadienne.

Toutefois, aucun changement au personnel ni à la procédure suivie ne peut avoir une incidence sur le nombre ou la nature des litiges portés devant la Cour. Même après être devenue la cour de dernier ressort au Canada, la Cour suprême continue d'entendre toutes sortes d'affaires ne présentant pas nécessairement des questions juridiques difficiles. Le Parlement remanie les règles de saisine en matière civile à diverses reprises mais toujours en apportant

Chief Justice Rinfret presides over a citizenship ceremony in 1947   Le juge en chef Rinfret préside une cérémonie de citoyenneté en 1947

No internal changes in Court personnel or procedure, however, could alter the number or nature of the cases that came before the judges. Even after the Supreme Court became Canada's final court, it continued to have to sit on all kinds of cases that did not necessarily present difficult legal issues. Parliament had tinkered with the Court's jurisdiction on civil appeals at various times, but this tinkering had always consisted of making minor changes in the minimum amount of money at stake before a party could appeal to the Supreme Court.[55] Since the Court's jurisdiction was tied to the amount of money in issue, plaintiffs could change the amount they were suing for in order to deny the Court jurisdiction,[56] or defendants could use the threat of prolonged appeals to persuade plaintiffs to settle for less than the sum to which they were rightly entitled. In 1975 Parliament introduced amendments permitting the judges of Canada's top court to determine if they would hear a civil appeal, depending on whether the case raised an issue of public importance.

The Supreme Court's evolving jurisdiction may not seem like a particularly gripping topic. However, the

des modifications mineures à la valeur minimale des litiges pouvant être soumis à la Cour[55]. Puisque la compétence de la Cour dépend de la valeur minimale établie, les demandeurs peuvent lui faire échec en modifiant le montant de leur réclamation[56] ou les défendeurs peuvent invoquer la menace d'un long appel pour persuader les demandeurs de régler au rabais. En 1975, le Parlement apporte des modifications qui permettent aux juges du plus haut tribunal du pays de déterminer les affaires qu'ils entendront au civil, selon leur importance pour le public.

Cette évolution peut ne pas sembler particulièrement passionnante. Cependant, ces modifications marquent un autre point tournant pour la Cour. Lorsque le ministre de la Justice, John Turner, les propose pour la première fois en 1970, il explique que l'objectif est de faire de la Cour une institution créative pouvant résoudre efficacement des questions de droit public[57]. Le fait que la Cour suprême soit chargée d'une suite interminable de litiges civils déjà tranchés correctement par les cours d'appel des provinces, pour l'unique raison que la somme en jeu est importante, est vu comme un obstacle à la réalisation de cet objectif[58]. Le passage aux appels sur

The Bench, Main Courtroom Le banc des juges dans la salle d'audience principale

amendments marked another key turning point for the Court. When the Minister of Justice, John Turner, first proposed them in 1970, he explained that the intent was to make the Court a creative institution that could deal effectively with public law issues.[57] Having the Supreme Court bogged down in endless civil disputes that the courts of appeal of the provinces had already decided correctly, simply because a lot of money was at stake, was seen as an impediment to this goal.[58] The introduction of civil appeals by leave of the Court meant that the Supreme Court could exercise what Chief Justice Laskin aptly termed "supervisory control."[59]

After some of its bold case law in the 1950s that advanced the protection of human rights, the Court was relatively restrained in the 1960s and 1970s. When the Diefenbaker government enacted the *Canadian Bill of Rights* in 1960, many Canadians had high hopes that the courts would use this statute in a progressive fashion. However, the judges of the 1960s followed a more formal legal style, and the Supreme Court assumed a relatively low profile, in stark contrast to the spirit of transformation

autorisation en matière civile veut dire que la Cour peut exercer ce que le juge en chef Laskin a qualifié avec justesse de « pouvoir de surveillance »[59].

Après avoir rendu certains arrêts audacieux favorisant la protection des droits de la personne dans les années 1950, la Cour fait preuve de plus de retenue pendant les années 1960 et 1970. Lorsque le gouvernement Diefenbaker promulgue la *Déclaration canadienne des droits* en 1960, bien des Canadiens ont bon espoir de voir les tribunaux appliquer cette loi de façon progressiste. Cependant, les juges des années 1960 adoptent un style juridique plus formel, et la Cour suprême reste relativement discrète, en contraste avec l'esprit de transformation qui s'empare du Canada et du monde entier à l'époque[60]. En 1969, dans l'arrêt *Drybones*[61], la Cour interprète la *Déclaration canadienne des droits* de manière à protéger le droit à l'égalité et annule une disposition de la *Loi sur les Indiens* qui interdit aux Indiens d'être en état d'ivresse hors des réserves. Mais, lorsqu'on peut mesurer les répercussions du jugement, en particulier lorsqu'un juge de juridiction inférieure tente de déclarer inopérantes l'ensemble des

26

that gripped Canada and the world during those years.[60] In 1969, in the *Drybones*[61] case, the Court did interpret the Bill of Rights in a manner that protected equality and struck down a provision of the *Indian Act* that made it an offence for an Indian to be intoxicated off a reserve. But after the consequences of the judgment began to play out, including an attempt by a judge from a lower court to render inoperative the whole *Indian Act*, the Supreme Court retreated. In 1973, in *Lavell*,[62] its interpretation of the Bill of Rights returned to a more cautious approach. The Court held that the loss of Indian status by women who married non-Indian men did not constitute a denial of equality, even though men in a similar situation did not lose their status.

Many Canadians were critical of the judges' refusal to use their power more vigorously.[63] After the *Lavell* decision, the *Globe and Mail* wrote: "What the Supreme Court has done is throw us back to the sterile jesuitical hair-splitting of a decade ago. What a pity."[64] In the wake of a conservative decision the following year in the now-infamous *Murdoch*[65] case involving the disposition of property between spouses on marriage breakdown, there was a good deal of public outrage, with social interest groups organizing letter-writing campaigns for law reform. The Court had rejected the wife's claim for one half of the couple's farm property. According to several writers, Chief Justice Laskin's dissent in that case made him a folk hero.[66] Many Canadians, it seemed, wanted the Supreme Court and its judges to be more progressive.

In 1982 Canada, and its highest court, changed forever. With the patriation of the Canadian Constitution came the *Canadian Charter of Rights and Freedoms*, constitutional clauses entrenching Aboriginal rights, and a constitutional supremacy clause declaring that "[t]he Constitution of Canada is the supreme law of Canada, and any law that is inconsistent with the provisions of the Constitution is, to the extent of the inconsistency, of no force or effect." The courts, as interpreters of the Constitution, were empowered — indeed commanded — to strike down laws that conflicted with the Charter. While courts had always had the power to strike down laws that violated the Constitution, the Charter required them to interpret a broad range of new constitutional rights and freedoms.

dispositions de la *Loi sur les Indiens*, la Cour suprême recule. En 1973, dans l'affaire *Lavell*[62], elle revient à une interprétation plus prudente de la Déclaration. La Cour décide que la perte du statut d'Indien par une femme qui épouse un homme non Indien ne constitue pas une dénégation du droit à l'égalité, même si un homme dans la même situation ne perd pas son statut.

De nombreux Canadiens condamnent le refus des juges d'exercer plus vigoureusement leur pouvoir[63]. Après la décision *Lavell*, le *Globe and Mail* écrit : « La Cour suprême nous ramène dix ans en arrière, à l'époque stérile de l'art jésuite du coupage de cheveux en quatre. Quel dommage.[64] » Quelques mois plus tard, en 1973, une décision conservatrice dans l'affaire *Murdoch*[65], aujourd'hui tristement célèbre, déchaîne les passions, et des groupes de défense d'intérêts sociaux mènent des campagnes encourageant les citoyens à écrire des lettres réclamant une réforme du droit. L'affaire concerne le partage des biens entre les époux lors de la rupture de leur mariage. Lorsque la Cour rejette la réclamation de l'épouse qui revendique la moitié des biens agricoles du couple, plusieurs commentateurs saluent les motifs dissidents du juge en chef Laskin qui fait figure de « héros populaire »[66]. De nombreux Canadiens, semble-t-il, veulent que la Cour suprême et ses juges soient plus progressistes.

En 1982, le Canada et son plus haut tribunal changent pour toujours. Avec le rapatriement de la Constitution canadienne viennent la *Charte canadienne des droits et libertés*, les dispositions constitutionnalisant les droits des Autochtones et celles qui consacrent la primauté de la Constitution en ces termes : « [l]a Constitution du Canada est la loi suprême du Canada; elle rend inopérantes les dispositions incompatibles de toute autre règle de droit ». Les tribunaux, interprètes de la Constitution, ont le pouvoir — en fait, ils ont le devoir — d'invalider les lois qui entrent en conflit avec la Charte. Les tribunaux ont toujours eu le pouvoir d'annuler des lois qui violent la Constitution mais, avec l'adoption de la Charte, ils doivent interpréter toute une nouvelle gamme de droits et libertés constitutionnels.

Ces modifications constitutionnelles, conjuguées au nombre croissant de questions constitutionnelles soumises à la Cour suprême, redéfinissent fonda- mentalement son rôle, et celui des tribunaux

27

| The judges' Conference Room | La salle de réunion des juges |

These constitutional amendments, combined with the rising number of constitutional issues presented to the Supreme Court, fundamentally reshaped its role, and that of the courts generally. Chief Justice Brian Dickson described well the new role of the courts as "guardians of the constitution."[67] They would now face moral and social issues, framed as matters of law, in an entirely new way. In his inspirational words in *Oakes*, a case involving the presumption of innocence, Chief Justice Dickson spoke of the Charter's purposes:

> Canadian society is to be free and democratic. The Court must be guided by the values and principles essential to a free and democratic society, which I believe embody, to name but a few, respect for the inherent dignity of the human person, commitment to social justice and equality, accommodation of a wide variety of beliefs, respect for cultural and group identity, and faith in social and political institutions which enhance the participation of individuals and groups in society.[68]

In this new role, the Supreme Court has advanced the rights and liberties of Canadians, as commanded by

en général. Le juge en chef Brian Dickson décrit bien ce nouveau rôle confié aux juges en les qualifiant de « gardiens de la Constitution »[67]. Ils doivent dorénavant aborder d'une manière novatrice des questions morales et sociales, formulées comme des questions de droit. Dans un passage remarquable de l'arrêt *Oakes*, qui concerne la présomption d'innocence, le juge en chef Dickson parle des objets de la Charte :

> la société canadienne doit être libre et démocratique. Les tribunaux doivent être guidés par des valeurs et des principes essentiels à une société libre et démocratique, lesquels comprennent, selon moi, le respect de la dignité inhérente de l'être humain, la promotion de la justice et de l'égalité sociales, l'acceptation d'une grande diversité de croyances, le respect de chaque culture et de chaque groupe, et la foi dans les institutions sociales et politiques qui favorisent la participation des particuliers et des groupes dans la société[68].

Dans ce nouveau rôle, la Cour suprême fait la promotion des droits et libertés des Canadiens, comme l'exige la Constitution. Elle s'oppose aux atteintes portées

28

the Constitution. It has stood against abuses of civil rights and for controls on the conduct of government officials. It has stood against colonialism and for the legitimate claims of Canada's Aboriginal peoples. It has stood against invidious forms of discrimination and for equality. In defending values that Canadians hold dear and decided to entrench in the Constitution, the Court has faced its share of criticism, but that is probably an inevitable by-product of its new role.

Naturally, by adjudicating legal issues that call into play serious moral and social values, the Supreme Court has become subject to intense public scrutiny. Many cases are considered newsworthy. In 1988, in *Morgentaler*,[69] the Court ruled on Canada's abortion law. In 1993, in *Rodriguez*,[70] it confronted Canada's rules on assisted suicide. In the midst of the clamour that may arise among the public, each justice wrestles with the interpretation of the law and fearlessly sets out his or her decision and the reasons behind it. The independence of the judiciary is the cornerstone of their decision making. The judges, representing a diversity of perspectives on the law, may fiercely disagree on particular decisions, but they all agree on carrying out their tasks conscientiously according to their oath of office.

In the late 1980s, the Court recognized that an increased case load, combined with other factors, had created a very serious backlog. The Court simply could not keep up with the volume of cases that was coming in. Since there is much truth in the old saying that justice delayed is justice denied, something had to be done to address the problem. Chief Justice Dickson made this task a priority, one which I endorsed fully and pursued during my own tenure as Chief Justice.

Certain changes in the Court's procedures were essential to this effort. Following in the English tradition, the Court had functioned for a long time primarily based on oral arguments. The lawyers had unlimited time, and in the past they were actually required to start off by reading aloud the reasons for judgment in the lower courts.[71] Oral arguments can be very valuable and help crystallize issues, but they can also be very time-consuming and inefficient.

In the 1980s, therefore, the Court streamlined a system that had become unwieldy. Changing to a system of written

aux droits civils et se prononce en faveur d'un contrôle des actes des représentants de l'État. Elle combat le colonialisme et fait droit aux réclamations légitimes des peuples autochtones du Canada. Elle lutte contre des formes odieuses de discrimination et proclame le droit à l'égalité. En défendant les valeurs constitutionnelles chères aux Canadiens, la Cour prête le flanc à la critique, mais c'est probablement là une conséquence inéluctable de son nouveau rôle.

Naturellement, puisqu'elle tranche des questions juridiques qui font entrer en jeu d'importantes valeurs morales et sociales, la Cour suprême en vient à occuper le devant de la scène. De nombreuses affaires suscitent l'attention des médias. En 1988, dans l'arrêt *Morgentaler*[69], la Cour statue sur les règles de droit applicables à l'avortement au Canada. En 1993, dans l'arrêt *Rodriguez*[70], elle se prononce sur le suicide assisté. Au milieu des controverses publiques, chaque juge s'attache à interpréter le droit et à rédiger avec courage sa décision en la motivant. L'indépendance des juges est la pierre angulaire de leurs décisions. Représentant une diversité de perspectives sur le droit, ils peuvent avoir dans certains cas des divergences d'opinions importantes, mais ils sont tous d'accord pour s'acquitter consciencieusement de leur tâche conformément au serment professionnel qu'ils ont prêté.

À la fin des années 1980, la Cour se rend compte que la charge de travail de plus en plus lourde, conjuguée à d'autres facteurs, a engendré un arriéré très important. La Cour n'arrive tout simplement pas à entendre le large volume de litiges qui est porté devant elle. Comme il est bien vrai que justice tardive est déni de justice, on cherche à régler le problème. Le juge en chef Dickson décide qu'il s'agit d'une priorité, une opinion que je partage entièrement, et que je mets en pratique lorsque je deviens juge en chef.

Il faut apporter certains changements à la procédure suivie par la Cour pour réaliser cet objectif. Conformément à la tradition anglaise, les travaux de la Cour sont longtemps centrés sur l'argumentation orale. Les avocats disposent d'un temps illimité, et autrefois étaient même obligés de faire lecture à haute voix des motifs de la décision de la juridiction inférieure[71]. L'argumentation orale peut être très

applications for leave to appeal reduced the number of oral hearings the judges had to deal with. Further, in 1987, the Court introduced time limits on all oral arguments.[72] Now the parties submit more detailed written arguments, and the judges come to court ready to ask very specific questions that direct the lawyers to the most salient or problematic features of their arguments. Members of the public who attend the Court's hearings or watch them on television may still find the lawyers rather difficult to follow when they talk about technical legal matters, but the oral arguments are very useful to the Court and help immeasurably in getting to the central points at issue.

These procedural changes helped the Court function more efficiently, but they did not fully solve the problem of the backlog. To slay this monster and the delays it caused, we sat many times in panels of just five judges, and the members of the Court volunteered for numerous extra sitting days. By 1991, we had totally cleared the

The media gather for the ruling in the *Quebec Secession Reference*

La presse réunie pour l'annonce de la décision sur le *Renvoi relatif à la sécession du Québec*

précieuse et permet de cristalliser le débat, mais elle peut aussi s'avérer chronophage et inefficace.

Dans les années 1980, la Cour simplifie donc un système devenu trop lourd. Le passage à la demande d'autorisation d'appel écrite permet de réduire le nombre d'auditions. En outre, en 1987, la Cour limite le temps consacré à l'argumentation orale[72]. Maintenant les parties présentent des arguments écrits plus détaillés, et les juges arrivent à l'audience prêts à poser des questions très précises qui attirent l'attention des avocats sur les points les plus forts ou les plus problématiques de leur argumentation. Les personnes qui assistent aux audiences de la Cour ou qui les regardent à la télévision pensent peut-être qu'il est difficile de suivre les débats sur les questions de droit techniques, mais en fait les plaidoiries sont très utiles pour la Cour et aident considérablement à cerner les principaux points litigieux.

Ces modifications de nature procédurale permettent à la Cour d'effectuer ses travaux de façon plus efficace, mais elles ne règlent pas complètement le problème de l'arriéré. Pour venir à bout du monstre et des retards qu'il engendre, la Cour siège souvent en formation de cinq juges seulement, et les juges s'offrent volontairement à participer à de nombreuses audiences supplémentaires. En 1991, l'arriéré est totalement éliminé. Ce genre d'efforts peut passer inaperçu, mais ils concourent de façon non négligeable à permettre à la Cour de rendre justice de manière équitable et efficace. Nous ne pouvons pas contenter tout le monde en tout temps, et nous ne devons pas chercher à le faire, mais nous pouvons peut-être forcer le respect des Canadiens en agissant en tant qu'institution avec sérieux et sensibilité.

Les modifications apportées à la procédure à la fin des années 1980 ne sont que le début de nombreuses innovations qui seront introduites à la Cour. Maintenant les audiences commencent plus tôt (9 h 45 au lieu de 10 h 30). L'informatisation est intensifiée et les caméras de télévision font leur entrée dans la salle d'audience. La Cour est la première cour suprême au monde à avoir télédiffusé ses audiences.

À plusieurs reprises récemment, le gouvernement a sollicité l'avis de la Cour suprême sur des questions fondamentales touchant l'avenir du Canada. En 1981,

backlog. These kinds of efforts may not capture the headlines but they have gone a long way toward making the Court an institution that dispenses justice both equitably and efficiently. Although we cannot — and should not try to — please all of the people all of the time, we can perhaps earn the respect of Canadians by acting as a responsible and responsive institution.

The procedural changes of the late 1980s were just the first of a number of innovations in the Court's functioning. The daily schedule was changed; an earlier start time was adopted (9:45 a.m. instead of 10:30 a.m.). Computerization was increased and television cameras were allowed into the courtroom. Canada's highest court was the first in the world to televise its proceedings.

At several points in recent history, the government has turned to the Supreme Court for direction on fundamental issues affecting Canada's future. In 1981, in the *Patriation Reference*,[73] it asked the Court for guidance on the rules governing constitutional amendment. In 1998, in the *Quebec Secession Reference*,[74] it asked for advice in interpreting the rules of the Constitution and international law that would govern a province's separation from the federation. In both cases, the Court delivered its judgment amid massive public attention and political controversy, basing its rulings on the foundational principles of our Constitution and of this very special federal system that defines Canada. The Court has come a long way from that winter day in January 1876, when it adjourned because it had nothing to do.

Through 125 years, the members of the Supreme Court of Canada have felt the chill of Ottawa's winters, heard the distress calls of individual Canadians, and tried to steer against the winds of injustice. Like the judges who have passed before me, I leave to my successors the challenge of confronting the difficult legal problems of the future and reconciling the diverse interests that will arise in our rapidly changing society. The Supreme Court remains an institution vital to the hopes and dreams of Canadians. Its story reminds us of where we have been as we prepare to embark on new journeys.

I would be remiss if I did not express my gratitude to Dwight Newman and James O'Reilly for assisting me with the research and preparation of this chapter.

Stamp commemorating the Court's 125th anniversary

Timbre commémorant le 125ᵉ anniversaire de la Cour

dans le *Renvoi relatif au rapatriement*[73], il a consulté la Cour au sujet des règles régissant la modification de la Constitution. En 1998, dans le *Renvoi relatif à la sécession du Québec*[74], il a demandé à la Cour son avis sur l'interprétation des règles de la Constitution et du droit international qui régiraient la séparation d'une province de la fédération. Dans les deux cas, la Cour, projetée à l'avant-scène en pleine controverse politique, s'est prononcée en se fondant sur les principes fondateurs de notre Constitution et du système fédéral très particulier qui définit le Canada. La Cour a fait bien du chemin depuis ce jour de janvier 1876 où elle a ajourné l'audience parce qu'elle n'avait aucun litige à trancher.

Pendant ces 125 années, les juges de la Cour suprême du Canada ont connu la rigueur des hivers d'Ottawa, ils ont entendu les appels de détresse lancés par des Canadiens et ils se sont appliqués à tenir le cap malgré les vents contraires de l'injustice. Comme les juges qui m'ont précédé, je laisse à mes successeurs le soin de régler les problèmes juridiques épineux de l'avenir et de concilier les intérêts divergents que provoque l'évolution rapide de notre société. La Cour suprême demeure une institution vitale pour les espoirs et les rêves des Canadiens. Son histoire nous rappelle tout le chemin parcouru alors que nous entreprenons de nouveaux périples.

Je tiens à remercier Dwight Newman et James O'Reilly de m'avoir aidé à préparer ce chapitre et à faire les recherches nécessaires.

Notes – A Brief History of the Court

1. Registrar's Minutes, January 17, 1876 (available at the Court Records Office). Also quoted in Bora Laskin, "The Supreme Court of Canada: The First One Hundred Years, a Capsule Institutional History," *Canadian Bar Review* 53, 3 (September 1975), p. 463.

2. James G. Snell and Frederick Vaughan, *The Supreme Court of Canada: History of the Institution* (Toronto: University of Toronto Press, 1985), pp. 3-4.

3. Snell and Vaughan, pp. 6-7.

4. For a general account, see Frank MacKinnon, "The Establishment of the Supreme Court of Canada," *Canadian Historical Review* 28, 1 (March 1946), p. 260. In 1869 Macdonald sent copies of the bill to various judges in the provinces seeking their comments. For one response, see William Johnstone Ritchie, *Observations of the Chief Justice of New Brunswick on a Bill Entitled "An Act to Establish a Supreme Court for the Dominion of Canada"* (Fredericton, New Brunswick: G. E. Fenety, 1870).

5. MacKinnon, p. 258.

6. Snell and Vaughan, p. 8.

7. Ibid.

8. Ian Bushnell, *The Captive Court: A Study of the Supreme Court of Canada* (Montreal: McGill-Queen's University Press, 1992), p. 14. See also Snell and Vaughan, pp. 7-8.

9. Peter H. Russell, *The Supreme Court of Canada as a Bilingual and Bicultural Institution* (Ottawa: Queen's Printer, 1969), p. 38.

10. Clause 47 of the *Supreme Court Act* (known as the Irving Amendment) is discussed in Laskin, pp. 460-61; Russell, pp. 16-17; MacKinnon, pp. 262-65.

11. For a description of events, see Laskin, p. 461.

12. Michael J. Herman, "The Founding of the Supreme Court of Canada and the Abolition of the Appeal to the Privy Council," *Ottawa Law Review* 8, 1 (1976), pp. 7-31.

13. But see *Re the Initiative and Referendum Act*, [1919] A.C. 935 at 939, where the Privy Council indicated its preference for having a Supreme Court of Canada decision to work from.

14. Laskin, p. 464, quoting C. W. de Kiewiet and F. H. Underhill, eds., *Dufferin-Carnarvon Correspondence, 1874-1878* (Toronto: Champlain Society, 1955), p. 174.

15. Laskin, p. 464.

16. Ibid.

17. Snell and Vaughan, p. 18.

18. *Brassard v. Langevin,* (1877), 1 S.C.R. 145. This was a divisive case. The *Toronto Globe* thought the law was "courageously interpreted" and printed the full text of the decision, but in Quebec the Supreme Court was seen as a hated liberal institution. See also Bushnell, pp. 77-80; Russell, p. 23.

19. *Johnston v. Minister and Trustees of St. Andrew's Church, Montreal,* (1877), 1 S.C.R. 235. It was a very controversial decision, according to one member of Parliament. See *House of Commons Debates,* March 9, 1881, p. 1301.

Notes – Un bref historique de la Cour

1. Minutes du registraire, 17 janvier 1876 (conservées dans la salle des dossiers de la Cour). Cité également dans Bora Laskin, « The Supreme Court of Canada: The First One Hundred Years, a Capsule Institutional History », *Revue du Barreau canadien*, vol. 53, nº 3 (septembre 1975), p. 463.

2. James G. Snell et Frederick Vaughan, *The Supreme Court of Canada: History of the Institution,* Toronto, University of Toronto Press, 1985, p. 3-4.

3. Snell et Vaughan, p. 6-7.

4. Pour un compte rendu général, voir Frank MacKinnon, « The Establishment of the Supreme Court of Canada », *Canadian Historical Review*, vol. 28, nº 1 (mars 1946), p. 260. En 1869 Macdonald fait parvenir des copies du projet de loi à divers juges dans les provinces leur demandant leurs commentaires. On trouvera une des réponses obtenues dans William Johnstone Ritchie, *Observations of the Chief Justice of New Brunswick on a Bill Entitled "An Act to Establish a Supreme Court for the Dominion of Canada,"* Fredericton, G. E. Fenety, 1870.

5. MacKinnon, p. 258.

6. Snell et Vaughan, p. 8.

7. *Ibid.*

8. Ian Bushnell, *The Captive Court: A Study of the Supreme Court of Canada,* Montréal, McGill-Queen's University Press, 1992, p. 14. Voir aussi Snell et Vaughan, p. 7-8.

9. Peter H. Russell, *The Supreme Court of Canada as a Bilingual and Bicultural Institution*, Ottawa, Imprimeur de la Reine, 1969, p. 38.

10. Pour une analyse de l'article 47 de la *Loi sur la Cour suprême* (connu sous le nom d'amendement Irving), voir Laskin, p. 460-461; Russell, p. 16-17; MacKinnon, p. 262-265.

11. Pour une description des événements, voir Laskin, p. 461.

12. Michael J. Herman, « The Founding of the Supreme Court of Canada and the Abolition of the Appeal to the Privy Council », *Ottawa Law Review*, vol. 8, nº 1 (1976), p. 7-31.

13. Voir cependant *Re the Initiative and Referendum Act*, [1919] A.C. 935, p. 939, où le Conseil privé indique qu'il préfère travailler à partir d'une décision de la Cour suprême du Canada.

14. Laskin, p. 464, citant C. W. de Kiewiet et F. H. Underhill, dir., *Dufferin-Carnarvon Correspondence, 1874-1878,* Toronto, Champlain Society, 1955, p. 174.

15. Laskin, p. 464.

16. *Ibid.*

17. Snell et Vaughan, p. 18.

18. *Brassard c. Langevin,* (1877), 1 R.C.S. 145. Les opinions étaient très partagées concernant l'arrêt. Le *Toronto Globe* était d'avis que le droit avait été interprété de façon courageuse et a reproduit tout le texte de la décision, tandis qu'au Québec la Cour suprême était considérée comme une institution libérale détestée. Voir aussi Bushnell, p. 77-80; Russell, p. 23.

20. Snell and Vaughan, p. 35.

21. Snell and Vaughan, p. 39, quoting from Public Archives of Canada, Sir J. A. Macdonald Papers no. 148624-39, S. H. Strong to Macdonald, February 9, 1880.

22. For example, see *Canada Law Journal* 14, 5 (1878), p. 307; Snell and Vaughan, p. 25.

23. *House of Commons Debates*, April 21, 1879, p. 1373.

24. Ibid.

25. Ibid., pp. 1373-74.

26. *House of Commons Debates,* February 26, 1880, pp. 234-68; February 9, 1881, pp. 913-22.

27. *House of Commons Debates,* April 21, 1879, p. 1374.

28. See the speech by Désiré Girouard, who was appointed to the Supreme Court in 1895. *House of Commons Debates,* February 26, 1880, p. 257.

29. See Bushnell, p. 165.

30. Snell and Vaughan, pp. 55-56.

31. Ibid., pp. 89-90.

32. There were no time limits on the proceedings, which led one observer to state, "the court listens with the greatest patience and courtesy." Robert Cassels, "The Supreme Court of Canada," *The Green Bag* 2 (1890), p. 256.

33. Cassels, p. 256.

34. This was just one of a number of controversial incidents involving Chief Justice Strong. See Snell and Vaughan, p. 60.

35. Russell, pp. 40-41.

36. For a general discussion on the improvements to the status of the officers and judges of the Court, see Snell and Vaughan, pp. 68-70.

37. Snell and Vaughan, pp. 68-71.

38. Ibid., pp. 125-28.

39. Ibid., pp. 125-26.

40. Chief Justice Duff reached mandatory retirement age in 1940, but Parliament twice extended his term, so he retired at the age of 79. See Richard Gosse, "The Four Courts of Sir Lyman Duff," *Canadian Bar Review* 53, 3 (September 1975), p. 510.

41. Madge Macbeth and Leslie T. White, "The Seven Justices of the Red Robes," *Maclean's,* April 1, 1936, p. 46.

42. Bora Laskin, "The Supreme Court of Canada: A Final Court of and for Canadians," *Canadian Bar Review* 29, 10 (1951), p. 1075. See also Bushnell, xi-xii.

43. Mark R. MacGuigan, "The Privy Council and the Supreme Court: A Jurisprudential Analysis," *Alberta Law Review* 4 (1965-1966), p. 420.

44. *Reference re Meaning of the word "Persons" in s.24 of the B.N.A. Act, 1914,* [1928] S.C.R. 276, reversed by *Edwards v. Attorney General for Canada,* [1930] A.C. 124, P.C.

19. *Johnston c. Minister and Trustees of St. Andrew's Church, Montreal,* (1877), 1 R.C.S. 235. Selon un député, cette décision a suscité de nombreuses controverses. Voir *Débats de la Chambre des communes,* 9 mars 1881, p. 1301.

20. Snell et Vaughan, p. 35.

21. Snell et Vaughan, p. 39, citant les Archives publiques du Canada, Documents de sir J. A. Macdonald, n° 148624-39, S. H. Strong à Macdonald, 9 février 1880.

22. Voir, par exemple, *Canada Law Journal,* vol. 14, n° 5 (1878), p. 307; Snell et Vaughan, p. 25.

23. *Débats de la Chambre des communes,* 21 avril 1879, p. 1373.

24. *Ibid.*

25. *Ibid.,* p. 1373-1374.

26. *Débats de la Chambre des communes,* 26 février 1880, p. 234-268; 9 février 1881, p. 913-922.

27. *Débats de la Chambre des communes,* 21 avril 1879, p. 1374.

28. Voir l'allocution de Désiré Girouard, qui a été nommé à la Cour suprême en 1895. *Débats de la Chambre des communes,* 26 février 1880, p. 257.

29. Voir Bushnell, p. 165.

30. Snell et Vaughan, p. 55-56.

31. *Ibid.,* p. 89-90.

32. Aucune limite de temps n'était imposée aux procédures, ce qui a fait dire à un observateur que « la Cour écoute avec beaucoup de patience et de courtoisie ». Robert Cassels, « The Supreme Court of Canada », *The Green Bag,* vol. 2 (1890), p. 256.

33. Cassels, p. 256.

34. Ce n'est là qu'un des nombreux incidents controversés concernant le juge en chef Strong. Voir Snell et Vaughan, p. 60.

35. Russell, p. 40-41.

36. Pour une analyse générale des améliorations apportées au statut des hauts fonctionnaires et des juges de la Cour, voir Snell et Vaughan, p. 68-70.

37. Snell et Vaughan, p. 68-71.

38. *Ibid.,* p. 125-128.

39. *Ibid.,* p. 125-126.

40. Le juge en chef Duff a atteint l'âge de la retraite en 1940, mais le Parlement a prorogé son mandat deux fois, et il a pris sa retraite à l'âge de 79 ans. Voir Richard Gosse, « The Four Courts of Sir Lyman Duff », *Revue du Barreau canadien,* vol. 53, n° 3 (septembre 1975), p. 510.

41. Madge Macbeth et Leslie T. White, « The Seven Justices of the Red Robes », *Maclean's,* 1er avril 1936, p. 46.

42. Bora Laskin, « The Supreme Court of Canada: A Final Court of and for Canadians », *Revue du Barreau canadien,* vol. 29, n° 10 (1951), p. 1075. Voir aussi Bushnell, p. xi-xii.

45. See F. R. Scott, "Some Privy Council," *Canadian Bar Review* 28, 7 (1950), p. 780.

46. Laskin, "The Supreme Court of Canada: The First One Hundred Years," p. 459; Russell, pp. 32-38; Snell and Vaughan, pp. 190-95; Bushnell, pp. 273-74. From 1918 to 1947, 24 judges were appointed to hear Supreme Court cases on an ad hoc basis. (See Reynald Boult, "Ad hoc Judges of the Supreme Court of Canada," *Chitty's Law Journal* 26, 9 (1978), pp. 289-95.)

47. For a detailed description of the process, see Herman, pp. 7-31.

48. Snell and Vaughan, p. 174.

49. *Switzman v. Elbling,* [1957] S.C.R. 285. See also Bushnell, pp. 318-21.

50. *Roncarelli v. Duplessis,* [1959] S.C.R. 121.

51. *Reference re Manitoba Language Rights,* [1985] 1 S.C.R. 721.

52. See Snell and Vaughan, p. 158 (Justice Rand), p. 202 (Justice Hall). The authors also discuss some of the more controversial projects, including the "Gouzenko Affair" and the Royal Commission on Spying Activities in Canada (p. 158).

53. For an argument in favour of appointing law clerks, see Brian A. Crane, "Law Clerks for Canadian Judges," *Canadian Bar Journal* 9 (1966), pp. 373-75. For a general discussion, see Michael John Herman, "Law Clerking at the Supreme Court of Canada," *Osgoode Hall Law Journal* 13, 2 (1975), p. 288.

54. Herman, "Law Clerking at the Supreme Court of Canada," p. 282.

55. Russell, pp. 39-41.

56. Russell, p. 27; *House of Commons Debates,* May 4, 1903, p. 2361.

57. Bushnell (p. 405) discusses the introduction of the bill.

58. For a general discussion about the heavy workload, see Brian A. Crane, "The Jurisdiction of the Supreme Court of Canada," *Canadian Bar Journal* 11 (1968), p. 388.

59. Bushnell, p. 406.

60. Dale Gibson, "- And One Step Backward: The Supreme Court and Constitutional Law in the Sixties," *Canadian Bar Review* 53, 3 (September 1975), pp. 621-48.

61. *R. v. Drybones,* [1970] S.C.R. 282.

62. *Attorney General of Canada v. Lavell,* [1974] S.C.R. 1349.

63. People in the legal profession were also critical. See Bushnell, pp. 370-71.

64. Paul Weiler, *In the Last Resort: A Critical Study of the Supreme Court of Canada* (Toronto: Carswell, 1974), p. 224.

65. *Murdoch v. Murdoch,* [1975] 1 S.C.R. 423.

66. See also Bushnell, pp. 389-91.

67. *Hunter v. Southam Inc.,* [1984] 2 S.C.R. 145 at 169.

68. *R. v. Oakes,* [1986] 1 S.C.R. 103 at 136.

69. *R. v. Morgentaler,* [1988] 1 S.C.R. 30.

43. Mark R. MacGuigan, « The Privy Council and the Supreme Court: A Jurisprudential Analysis », *Alberta Law Review,* vol. 4 (1965-1966), p. 420.

44. *Reference re Meaning of the word "Persons" in s.24 of the B.N.A. Act, 1914,* [1928] R.C.S. 276, infirmé par *Edwards c. Attorney-General for Canada,* [1930] A.C. 124, C.P.

45. Voir F. R. Scott, « Some Privy Council », *Revue du Barreau canadien,* vol. 28, nº 7 (1950), p. 780.

46. Laskin, « The Supreme Court of Canada: The First One Hundred Years », p. 459; Russell, p. 32-38; Snell et Vaughan, p. 190-195; Bushnell, p. 273-274. De 1918 à 1947, 24 juges suppléants ont été nommés. (Voir Reynald Boult, "Ad hoc Judges of the Supreme Court of Canada", *Chitty's Law Journal* 26, 9 (1978), p. 289-295.)

47. Pour une description détaillée du processus, voir Herman, p. 7-31.

48. Snell et Vaughan, p. 174.

49. *Switzman c. Elbling,* [1957] R.C.S. 285. Voir aussi Bushnell, p. 318-321.

50. *Roncarelli c. Duplessis,* [1959] R.C.S. 121.

51. *Renvoi relatif aux droits linguistiques au Manitoba,* [1985] 1 R.C.S. 721.

52. Voir Snell et Vaughan, p. 158 (juge Rand), p. 202 (juge Hall). Les auteurs analysent aussi des projets plus controversés, y compris « l'affaire Gouzenko » et la Commission royale sur les activités d'espionnage au Canada (p. 158).

53. Pour un argument en faveur de la nomination de clercs, voir Brian A. Crane, « Law Clerks for Canadian Judges », *Canadian Bar Journal,* vol. 9 (1966), p. 373-375. Pour une analyse générale, voir Michael John Herman, « Law Clerking at the Supreme Court of Canada », *Osgoode Hall Law Journal,* vol. 13, nº 2 (1975), p. 288.

54. Herman, « Law Clerking at the Supreme Court of Canada », p. 282.

55. Russell, p. 39-41.

56. Russell, p. 27; *Débats de la Chambre des communes,* 4 mai 1903, p. 2361.

57. Bushnell (p. 405) commente la présentation du projet de loi.

58. Pour une analyse générale de la charge de travail, voir Brian A. Crane, « The Jurisdiction of the Supreme Court of Canada », *Canadian Bar Journal,* vol. 11 (1968), p. 388.

59. Bushnell, p. 406.

60. Dale Gibson, « - And One Step Backward: The Supreme Court and Constitutional Law in the Sixties », *Revue du Barreau canadien,* vol. 53, nº 3 (septembre 1975), p. 621-648.

61. *R. c. Drybones,* [1970] R.C.S. 282.

62. *Procureur général du Canada c. Lavell,* [1974] R.C.S. 1349.

63. Des critiques ont également été formulées dans le milieu juridique. Voir Bushnell, p. 370-371.

70. *Rodriguez v. British Columbia (Attorney General)*, [1993] 3 S.C.R. 519.

71. See John J. Robinette, "A Counsel Looks at the Court," *Canadian Bar Review* 53, 3 (September 1975), pp. 558-62.

72. The Court announced the limits in September 1987. See "Notice to the Profession," *Supreme Court Bulletin*, p. 1405.

73. *Reference re Resolution to Amend the Constitution*, [1981] 1 S.C.R. 753.

74. *Reference re Secession of Quebec*, [1998] 2 S.C.R. 217.

64. Paul Weiler, *In the Last Resort: A Critical Study of the Supreme Court of Canada*, Toronto, Carswell, 1974, p. 224.

65. *Murdoch c. Murdoch*, [1975] 1 R.C.S. 423.

66. Voir aussi Bushnell, p. 389-391.

67. *Hunter c. Southam Inc.*, [1984] 2 R.C.S. 145, p. 169.

68. *R. c. Oakes*, [1986] 1 R.C.S. 103, p. 136.

69. *R. c. Morgentaler*, [1988] 1 R.C.S. 30.

70. *Rodriguez c. Colombie-Britannique (Procureur général)*, [1993] 3 R.C.S. 519.

71. Voir John J. Robinette, « A Counsel Looks at the Court », *Revue du Barreau canadien*, vol. 53, nº 3 (septembre 1975), p. 558-562.

72. La Cour a annoncé les restrictions en septembre 1987. Voir « Avis à la profession », *Bulletin des procédures de la Cour suprême*, 1987, p. 1405.

73. *Renvoi : Résolution pour modifier la Constitution*, [1981] 1 R.C.S. 753.

74. *Renvoi relatif à la sécession du Québec*, [1998] 2 R.C.S. 217.

Biographies

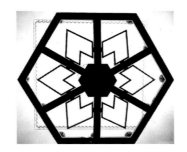

Biographies

The role of a judge, properly conceived, inevitably involves an attempt to understand the nature of man and the ever-changing society in which we live. It is manifestly one of the humanities, for the law is concerned, primarily, not with abstractions, but with human beings. The tradition of law which we share is a living thing built up by lawyers and judges imbued with a love of individual freedom and a dedication to justice for all, according to law. The legal doctrines which we have inherited from our fathers constitute not the bare bones of a dead tradition, but a vital body of living experience. It is only where the law is interpreted by an independent judiciary, assisted by a free legal profession, that the rule of law, and therefore the citizens' rights and liberties themselves, are safe.

The Honourable Brian Dickson, The D.B. Goodman
Visiting Fellowship Lecture, University of Toronto,
Faculty of Law, November 15, 1979

Dans l'exercice de ses fonctions, le juge doit inévitablement tenter de comprendre la nature humaine et la société en évolution constante dans laquelle nous vivons. Le droit relève clairement des sciences humaines en ce qu'il s'attache davantage à l'être humain qu'à des choses abstraites. Notre tradition juridique est l'oeuvre durable d'avocats et de juges épris de liberté individuelle et mûs par un idéal de justice universelle fondée sur le droit. Les principes juridiques hérités de nos ancêtres sont non pas les vestiges d'une tradition éteinte, mais plutôt les fruits d'un arbre bien vivant. Ce n'est que si le droit est interprété par une magistrature indépendante, avec l'appui d'une profession juridique libre, que le respect de la primauté du droit et, partant, des droits et libertés des citoyens eux-mêmes sera assuré.

L'honorable Brian Dickson, The D.B. Goodman
Visiting Fellowship Lecture, Université de Toronto,
Faculté de droit, 15 novembre 1979

Chief Justices

Juges en chef

Sir William Buell Richards

William Buell Richards was born in Brockville, Upper Canada (Ontario), on May 2, 1815. He was the son of Stephen Richards and Phoebe Buell. He studied at the St. Lawrence Academy in Potsdam, New York, and articled in his hometown, first with his uncle, Andrew Norton Buell, and later with George Malloch. Called to the bar in 1837, he settled in Brockville, practising with Malloch and then, after 1843, with Buell. He was elected to the Legislative Assembly of the Province of Canada in 1848 and later became Attorney General. In 1853 he left politics when he was appointed to the Court of Common Pleas of Canada West (Ontario), of which he became Chief Justice in 1863. Appointed Chief Justice of the province in November 1868, he was a member of the bench that heard, and rejected, the appeal of Patrick James Whelan, whom he had previously convicted of the murder of Thomas D'Arcy McGee, a member of Parliament. When the Supreme Court of Canada was created, on September 30, 1875, he became its first chief justice, serving on the Court until his retirement on January 10, 1879. Chief Justice Richards died on January 26, 1889, at the age of 73.

Né à Brockville, Haut-Canada (Ontario), le 2 mai 1815, William Buell Richards est le fils de Stephen Richards et de Phoebe Buell. Il étudie à la St. Lawrence Academy de Potsdam (New York) et fait son stage dans sa ville natale, d'abord dans le cabinet de son oncle, Andrew Norton Buell, puis dans celui de George Malloch. Admis au barreau en 1837, il s'établit à Brockville où il pratique le droit dans le cabinet de George Malloch puis, après 1843, dans celui de son oncle. Élu à l'Assemblée législative de la province du Canada en 1848, il devient plus tard procureur général. Sa carrière politique se termine en 1853 lorsqu'il est nommé à la Cour des plaids communs du Canada-Ouest (Ontario), dont il devient le juge en chef en 1863. Nommé juge en chef de la province en novembre 1868, il est l'un des juges qui entendent et rejettent l'appel de Patrick James Whelan, qu'il avait lui-même condamné plus tôt pour le meurtre du député Thomas D'Arcy McGee. Le 30 septembre 1875, il devient le premier juge en chef de la Cour suprême du Canada. Il siège à la Cour suprême pendant trois ans avant de prendre sa retraite le 10 janvier 1879. Le juge en chef Richards meurt le 26 janvier 1889, à l'âge de 73 ans.

Sir William Johnstone Ritchie

William Johnstone Ritchie was born in Annapolis, Nova Scotia, on October 28, 1813. He was the son of Thomas Ritchie and Elizabeth Wildman Johnstone. After graduating from the Pictou Academy, he studied law in Halifax in the office of his brother, John William Ritchie. He was called to the bar of Nova Scotia in 1837 but moved to Saint John, New Brunswick, and was called to the bar of that province the following year. In 1846 he was elected to the Legislative Assembly of New Brunswick. In keeping with his pledge to resign if a fellow Liberal candidate failed to win a by-election, he gave up his seat in 1851, only to be re-elected three years later. In 1855 he left politics to accept an appointment to the Supreme Court of New Brunswick, and 10 years later he was named Chief Justice of New Brunswick. He was appointed to the newly established Supreme Court of Canada on September 30, 1875 and became its chief justice on January 11, 1879. He served on the Supreme Court for 17 years. Chief Justice Ritchie died on September 25, 1892, at the age of 78.

Né à Annapolis (Nouvelle-Écosse) le 28 octobre 1813, William Johnstone Ritchie est le fils de Thomas Ritchie et d'Elizabeth Wildman Johnstone. Après ses études à la Pictou Academy, il étudie le droit à Halifax dans le cabinet de son frère, John William Ritchie. Il est admis au Barreau de la Nouvelle-Écosse en 1837 mais décide de s'établir à Saint John et est admis au Barreau du Nouveau-Brunswick l'année suivante. En 1846 il est élu à l'Assemblée législative du Nouveau-Brunswick. Conformément à sa promesse de démissionner si un candidat du Parti libéral ne gagnait pas une élection partielle, il démissionne en 1851, mais il est réélu en 1854. En 1855 il quitte la politique lorsqu'il est nommé à la Cour suprême du Nouveau-Brunswick, dont il devient le juge en chef 10 ans plus tard. Il est nommé à la Cour suprême du Canada le 30 septembre 1875 et devient juge en chef du Canada le 11 janvier 1879. Il siège à la Cour suprême pendant 17 ans. Le juge en chef Ritchie meurt le 25 septembre 1892, à l'âge de 78 ans.

Sir Samuel Henry Strong

Samuel Henry Strong was born in Poole, England, on August 13, 1825. He was the son of Samuel Spratt Strong and Jane Elizabeth Gosse. His family emigrated to Canada in 1836 and settled in Bytown, Upper Canada (Ottawa, Ontario). While enrolled as a student with the Law Society of Upper Canada, he articled with Augustus Keefer of Bytown, then with Henry Eccles of Toronto. Called to the bar in 1849, he established his practice in Toronto, where he later founded the firm of Strong & Matheson. In 1869, as a legal adviser to Prime Minister John A. Macdonald, he worked on a legislative proposal for the creation of a national supreme court. That year, he was appointed Vice-chancellor of the Court of Chancery of Ontario, and in 1874 he was elevated to the Ontario Court of Error & Appeal. He was appointed to the newly established Supreme Court of Canada on September 30, 1875 and named Chief Justice of Canada on December 13, 1892. He served on the Supreme Court for 27 years before retiring on November 18, 1902. Chief Justice Strong died on August 31, 1909, at the age of 84.

Né à Poole (Angleterre) le 13 août 1825, Samuel Henry Strong est le fils de Samuel Spratt Strong et de Jane Elizabeth Gosse. Sa famille émigre au Canada en 1836 et s'établit à Bytown, Haut-Canada (Ottawa, Ontario). Étudiant en droit inscrit à la Société du barreau du Haut-Canada, il commence son stage dans le cabinet d'Augustus Keefer à Bytown et le termine dans celui de Henry Eccles à Toronto. Admis au barreau en 1849, il pratique le droit à Toronto et fonde plus tard le cabinet Strong & Matheson. En tant que conseiller juridique du premier ministre John A. Macdonald, il prépare en 1869 un projet de loi visant la création d'une cour suprême nationale. La même année, il devient vice-chancelier de la Cour de la chancellerie de l'Ontario, et en 1874 il est nommé à la Cour d'Erreur et d'Appel de l'Ontario. Il est nommé à la Cour suprême du Canada le 30 septembre 1875 et devient juge en chef du Canada le 13 décembre 1892. Il siège à la Cour suprême pendant 27 ans avant de prendre sa retraite le 18 novembre 1902. Le juge en chef Strong meurt le 31 août 1909, à l'âge de 84 ans.

Sir Henri-Elzéar Taschereau

Henri-Elzéar Taschereau was born in Sainte-Marie-de-la-Beauce, Lower Canada (Quebec), on October 7, 1836. He was the son of Pierre-Elzéar Taschereau and Catherine Hénédine Dionne. He received a classical education at the Petit Séminaire de Québec, then studied briefly at Laval University. Called to the bar in 1857, he practised law in Quebec City. One of his partners was his cousin, Jean-Thomas Taschereau, whom he later replaced on the Supreme Court of Canada. As was the tradition in his family, he entered politics and was elected to the Legislative Assembly of Canada in 1861. After his appointment to the Superior Court of Quebec in 1871, he wrote many legal texts, including an annotated edition of the *Code of Civil Procedure of Lower Canada* and a similar text on Canadian criminal law. He was appointed to the Supreme Court of Canada on October 7, 1878. During his years on the Court, he also taught law part-time at the University of Ottawa. On November 21, 1902, he was appointed Chief Justice of Canada. He served on the Supreme Court for 27 years, retiring on May 2, 1906. Chief Justice Taschereau died on April 14, 1911, at the age of 74.

Né à Sainte-Marie-de-la-Beauce, Bas-Canada (Québec), le 7 octobre 1836, Henri-Elzéar Taschereau est le fils de Pierre-Elzéar Taschereau et de Catherine Hénédine Dionne. Il fait ses études classiques au Petit Séminaire de Québec, puis étudie quelque temps à l'Université Laval. Admis au barreau en 1857, il pratique le droit à Québec, notamment avec un cousin, Jean-Thomas Taschereau, qu'il remplacera plus tard à la Cour suprême du Canada. Respectant la tradition familiale, il se lance en politique en 1861 et est élu à l'Assemblé législative du Canada. Après sa nomination à la Cour supérieure du Québec en 1871, il écrit plusieurs ouvrages juridiques, dont une édition annotée du *Code de procédure civile du Bas-Canada* et une autre du droit criminel canadien. Il est nommé à la Cour suprême du Canada le 7 octobre 1878. Il enseigne le droit à temps partiel à l'Université d'Ottawa. Le 21 novembre 1902, il est nommé juge en chef du Canada. Il siège à la Cour suprême pendant 27 ans avant de prendre sa retraite le 2 mai 1906. Le juge en chef Taschereau meurt le 14 avril 1911, à l'âge de 74 ans.

Sir Charles Fitzpatrick

Charles Fitzpatrick was born in Quebec City, Canada East (Quebec), on December 19, 1853. He was the son of John Fitzpatrick and Mary Connolly. He studied at Laval University, obtaining a B.A. in 1873 and an LL.B. three years later. Called to the bar of Quebec in 1876, he established his practice in Quebec City and later founded the law firm of Fitzpatrick & Taschereau. In 1885 he acted as chief counsel for Métis leader Louis Riel at his trial, and in 1892 he represented Quebec premier Honoré Mercier after the fall of his administration. He was elected to the Legislative Assembly of Quebec in 1890 and to the House of Commons in 1896, the year he was called to the bar of Ontario. He served for six years as Solicitor General of Canada until 1902, when he became Minister of Justice and Attorney General. On June 4, 1906, he was appointed Chief Justice of Canada. He served on the Supreme Court of Canada for 12 years, resigning on October 21, 1918 to accept the position of Lieutenant-Governor of Quebec. Chief Justice Fitzpatrick died on June 17, 1942, at the age of 88.

Né à Québec, Canada-Est (Québec), le 19 décembre 1853, Charles Fitzpatrick est le fils de John Fitzpatrick et de Mary Connolly. Il fait ses études à l'Université Laval et reçoit un baccalauréat ès arts en 1873 et un baccalauréat en droit trois ans plus tard. Admis au Barreau du Québec en 1876, il pratique le droit à Québec, fondant plus tard le cabinet Fitzpatrick & Taschereau. En 1885 il est l'avocat principal du chef métis Louis Riel lors de son procès, et en 1892 il défend Honoré Mercier, premier ministre du Québec, après la chute de son gouvernement. Il est élu à l'Assemblé législative du Québec en 1890 et à la Chambre des communes en 1896, année où il est admis au Barreau du Haut-Canada. Il est solliciteur général du Canada pendant six ans avant d'être nommé ministre de la Justice et procureur général en 1902. Le 4 juin 1906, il est nommé juge en chef du Canada. Il siège à la Cour suprême du Canada pendant 12 ans avant de démissionner le 21 octobre 1918 et d'accepter la charge de lieutenant-gouverneur de la province de Québec. Le juge en chef Fitzpatrick meurt le 17 juin 1942, à l'âge de 88 ans.

Sir Louis Henry Davies

Louis Henry Davies was born in Charlottetown, Prince Edward Island, on May 4, 1845. He was the son of Benjamin Davies and Kezia Attwood Watts. He was educated at Prince of Wales College in Charlottetown and studied law at the Inner Temple in London, England. He was called to the English bar in 1866 and to the bar of Prince Edward Island in 1867, practising law in Charlottetown with Davies & Haszard. Elected to the Legislative Assembly of Prince Edward Island in 1872, he became premier and Attorney General of the province in 1876. That year, he represented the landowners of Prince Edward Island before the P.E.I. Land Commission, whose task was to resolve disputes arising from the purchase by the provincial government of land held by absentee owners. He left provincial politics in 1879 and was elected to the House of Commons three years later, serving as Minister of Marine and Fisheries from 1896 to 1901. On September 25, 1901, he was appointed to the Supreme Court of Canada, and on October 23, 1918 was named its chief justice. He served on the Court for 23 years. Chief Justice Davies died on May 1, 1924, at the age of 78.

Né à Charlottetown (Île-du-Prince-Édouard) le 4 mai 1845, Louis Henry Davies est le fils de Benjamin Davies et de Kezia Attwood Watts. Après ses études au Prince of Wales College de Charlottetown, il étudie le droit au Inner Temple à Londres. Admis au Barreau de l'Angleterre en 1866 et à celui de l'Île-du-Prince-Édouard l'année suivante, il pratique le droit à Charlottetown dans l'étude Davies & Haszard. Élu à l'Assemblée législative de l'Île-du-Prince-Édouard en 1872, il devient premier ministre et procureur général de la province en 1876. Cette année-là, il représente les propriétaires fonciers de l'Île-du-Prince-Édouard devant la P.E.I. Land Commission, qui règle les conflits résultant de l'achat par le gouvernement provincial de terres de propriétaires absentéistes. Il quitte la politique provinciale en 1879 et est élu à la Chambre des communes en 1882. Il est ministre de la Marine et des Pêcheries de 1896 à 1901. Le 25 septembre 1901, il est nommé à la Cour suprême du Canada, et le 23 octobre 1918 il devient juge en chef du Canada. Il siège à la Cour suprême pendant 23 ans. Le juge en chef Davies meurt le 1er mai 1924, à l'âge de 78 ans.

Francis Alexander Anglin

Francis Alexander Anglin was born in Saint John, New Brunswick, on April 2, 1865. He was the son of Timothy Warren Anglin and Ellen McTavish. After graduating from Collège Sainte-Marie in Montreal, he attended the University of Ottawa, from which he obtained a B.A. in 1887. He enrolled as a law student with the Law Society of Upper Canada and was called to the bar in 1888. He established his practice in Toronto, eventually founding the law firm of Anglin & Mallon. In 1896 he became Clerk of the Surrogate Court of Ontario. His publications included *Limitations of Actions against Trustees and Relief from Liability for Technical Breaches of Trust.* He was appointed to the Exchequer Division of the High Court of Justice of Ontario in 1904 and to the Supreme Court of Canada on February 23, 1909. On September 16, 1924, he became Chief Justice of Canada. He served on the Supreme Court for 24 years, retiring on February 28, 1933. Chief Justice Anglin died two days after his retirement, on March 2, 1933, at the age of 67.

Né à Saint John (Nouveau-Brunswick) le 2 avril 1865, Francis Alexander Anglin est le fils de Timothy Warren Anglin et d'Ellen McTavish. Après avoir terminé ses études au Collège Sainte-Marie de Montréal, il fréquente l'Université d'Ottawa, qui lui décerne un baccalauréat ès arts en 1887. Il s'inscrit à la Société du barreau du Haut-Canada pour étudier le droit et est admis au barreau en 1888. Il s'établit à Toronto, fondant plus tard le cabinet Anglin & Mallon. En 1896 il devient greffier de la Cour des successions de l'Ontario. Il est auteur de plusieurs ouvrages juridiques, dont *Limitations of Actions against Trustees and Relief from Liability for Technical Breaches of Trust.* Il est nommé à la Division de l'Échiquier de la Haute Cour de justice de l'Ontario en 1904 et à la Cour suprême du Canada le 23 février 1909. Le 16 septembre 1924, il devient juge en chef du Canada. Il siège à la Cour suprême pendant 24 ans avant de prendre sa retraite le 28 février 1933. Le juge en chef Anglin meurt deux jours plus tard, le 2 mars 1933, à l'âge de 67 ans.

Sir Lyman Poore Duff

Lyman Poore Duff was born in Meaford, Canada West (Ontario), on January 7, 1865. He was the son of Charles Duff and Isabella Johnson. He attended the University of Toronto, earning a B.A. in 1887 and an LL.B. in 1889. To help pay for his studies, he taught mathematics. In 1893 he was called to the bar of Ontario and practised briefly in Fergus. He moved to Victoria the following year and was called to the bar of British Columbia in 1895. A member of the firm of Bodwell & Irving, in 1903 he was selected to serve as a junior counsel for Canada before the Alaskan Boundary Commission in London, England. He was appointed to the Supreme Court of British Columbia in 1904 and to the Supreme Court of Canada on September 27, 1906. On March 17, 1933, he became Chief Justice of Canada. He served on the Supreme Court for 37 years, retiring on January 7, 1944. Chief Justice Duff died on April 26, 1955, at the age of 90.

Né à Meaford, Canada-Ouest (Ontario), le 7 janvier 1865, Lyman Poore Duff est le fils de Charles Duff et d'Isabella Johnson. Il fréquente l'Université de Toronto et reçoit un baccalauréat ès arts en 1887 et un baccalauréat en droit en 1889, payant ses études en enseignant les mathématiques. Admis au Barreau du Haut-Canada en 1893, il pratique quelque temps à Fergus. Il déménage à Victoria en 1894 et est admis au Barreau de la Colombie-Britannique l'année suivante. Membre du cabinet Bodwell & Irving, il est un des avocats choisis en 1903 pour représenter le Canada devant la Commission de la frontière de l'Alaska à Londres. Il est nommé à la Cour suprême de la Colombie-Britannique en 1904 et à la Cour suprême du Canada le 27 septembre 1906. Le 17 mars 1933, il est nommé juge en chef du Canada. Il siège à la Cour suprême pendant 37 ans avant de prendre sa retraite le 7 janvier 1944. Le juge en chef Duff meurt le 26 avril 1955, à l'âge de 90 ans.

Thibaudeau Rinfret

Thibaudeau Rinfret was born in Montreal, Quebec, on June 22, 1879. He was the son of François-Olivier Rinfret and Albina Pominville. He completed a B.A. at Collège Sainte-Marie in Montreal in 1897, then studied law at Laval University in Montreal and McGill University, from which he graduated with a B.C.L. in 1900. Called to the bar of Quebec in 1901, he practised in the province for 21 years, in Saint-Jérome until 1910 and then in Montreal with Perron, Taschereau, Rinfret, Vallée & Genest. He also taught part-time at McGill University for over 10 years, specializing in commercial law. He was appointed to the Superior Court of Quebec in 1922 and elevated to the Supreme Court of Canada on October 1, 1924. On January 8, 1944, he became Chief Justice of Canada. He served on the Supreme Court for 29 years and retired on June 22, 1954. Chief Justice Rinfret died on July 25, 1962, at the age of 83.

Né à Montréal (Québec) le 22 juin 1879, Thibaudeau Rinfret est le fils de François-Olivier Rinfret et d'Albina Pominville. Après avoir terminé un baccalauréat ès arts au Collège Sainte-Marie à Montréal, en 1897, il entreprend des études de droit à l'Université Laval à Montréal mais les termine à l'Université McGill, où il obtient un baccalauréat en droit civil en 1900. Admis au barreau l'année suivante, il pratique le droit pendant 21 ans au Québec, à Saint-Jérome jusqu'en 1910, puis à Montréal dans le cabinet Perron, Taschereau, Rinfret, Vallée & Genest. Il est professeur de droit à temps partiel à l'Université McGill pendant plus d'une dizaine d'années, enseignant, entre autres, le droit commercial. Il est nommé à la Cour supérieure du Québec en 1922 et à la Cour suprême du Canada le 1er octobre 1924. Le 8 janvier 1944, il devient juge en chef du Canada. Il siège à la Cour suprême pendant 29 ans avant de prendre sa retraite le 22 juin 1954. Le juge en chef Rinfret meurt le 25 juillet 1962, à l'âge de 83 ans.

Patrick Kerwin

Patrick Kerwin was born in Sarnia, Ontario, on October 25, 1889. He was the son of Patrick Kerwin and Ellen Gavin. After graduating from the Sarnia Collegiate Institute at the age of 16, he enrolled at Osgoode Hall Law School in 1906. He articled in Sarnia with R. V. Le Sueur but, after being called to the bar in 1911, decided to move to Guelph, where he practised law for over 21 years with Guthrie & Guthrie. During that time, he served as solicitor for the city of Guelph and Wellington County, as well as Crown prosecutor. In 1932 he was appointed to the High Court of Justice of Ontario. Three years later, on July 20, 1935, he was appointed to the Supreme Court of Canada. He served on the Supreme Court for 27 years, becoming Chief Justice of Canada on July 1, 1954. Chief Justice Kerwin died on February 2, 1963, at the age of 73.

Né à Sarnia (Ontario) le 25 octobre 1889, Patrick Kerwin est le fils de Patrick Kerwin et d'Ellen Gavin. Il n'a que 16 ans lorsqu'il s'inscrit à l'école de droit Osgoode Hall en 1906 après avoir terminé ses études au Sarnia Collegiate Institute. Il fait son stage à Sarnia dans le cabinet de R. V. Le Sueur mais, après son admission au barreau en 1911, décide de s'établir à Guelph, où il pratique le droit pendant 21 ans dans le cabinet Guthrie & Guthrie. Pendant ce temps, il est avocat de la ville de Guelph et du comté de Wellington ainsi que procureur de la Couronne. En 1932 il est nommé à la Haute Cour de justice de l'Ontario. Trois ans plus tard, le 20 juillet 1935, il est nommé à la Cour suprême du Canada. Il siège à la Cour suprême pendant 27 ans et devient juge en chef du Canada le 1er juillet 1954. Le juge en chef Kerwin meurt le 2 février 1963, à l'âge de 73 ans.

Robert Taschereau

Robert Taschereau was born in Quebec City, Quebec, on September 10, 1896. He was the son of Louis-Alexandre Taschereau and Aline Dionne, and the grandson of Jean-Thomas Taschereau, who had been a judge on the Supreme Court of Canada. He studied at Laval University, earning a B.A. in 1916 and an LL.L. four years later. Called to the bar in 1920, he joined his father's law firm, Taschereau, Roy, Cannon, Parent & Casgrain, in Quebec City. He also taught criminal law part-time at Laval for 11 years. In keeping with family tradition, he entered politics and was elected to the Legislative Assembly of Quebec in 1930. He was a member of the Assembly until 1936. On February 9, 1940, he was appointed to the Supreme Court of Canada, filling the vacancy created by the death of his former law partner, Lawrence Cannon. In 1946, along with his colleague on the Court, Justice Kellock, he co-chaired the Royal Commission on Spying Activities in Canada, which was set up as a result of the so-called "Gouzenko Affair." On April 22, 1963, he was appointed Chief Justice of Canada. He served on the Supreme Court for 27 years, retiring on September 1, 1967. Chief Justice Taschereau died on July 26, 1970, at the age of 73.

Né à Québec (Québec) le 10 septembre 1896, Robert Taschereau est le fils de Louis-Alexandre Taschereau et d'Aline Dionne, et le petit-fils de Jean-Thomas Taschereau, qui avait été juge à la Cour suprême du Canada. Il étudie à l'Université Laval à Québec et obtient un baccalauréat ès arts en 1916 et une licence en droit quatre ans plus tard. Admis au barreau en 1920, il se joint à son père dans le cabinet Taschereau, Roy, Cannon, Parent & Casgrain de Québec. Il enseigne aussi le droit pénal à temps partiel à l'Université Laval pendant 11 ans. En 1930, suivant la tradition familiale, il est élu à l'Assemblée législative du Québec, où il siège pendant six ans. Il est nommé à la Cour suprême du Canada le 9 février 1940, comblant ainsi le poste laissé vacant par la mort de son ancien associé, le juge Lawrence Cannon. En 1946 il dirige avec son collègue, le juge Kellock, la Commission royale sur les activités d'espionnage au Canada résultant de « l'affaire Gouzenko ». Le 22 avril 1963, il devient juge en chef du Canada. Il siège à la Cour suprême pendant 27 ans avant de prendre sa retraite le 1er septembre 1967. Le juge en chef Taschereau meurt le 26 juillet 1970, à l'âge de 73 ans.

John Robert Cartwright

John Robert Cartwright was born in Toronto, Ontario, on March 23, 1895. He was the son of James Strachan Cartwright and Jane Elizabeth Young. After graduating from Upper Canada College in 1912, he enrolled at Osgoode Hall Law School and began his articles with Smith, Rae & Greer. He interrupted his studies in 1914 to serve overseas with the armed forces during the First World War. In 1915 he was wounded twice and for the following two years was an aide-de-camp to three successive generals. He was awarded the Military Cross in 1917. Upon his return to Canada, he resumed his study of law. He was called to the bar in 1920, then joined the firm of Smith, Rae & Greer in Toronto. In 1947 he was counsel for the Government of Canada in the prosecutions that resulted from the findings of the Royal Commission on Spying Activities in Canada, which had been chaired by justices Taschereau and Kellock. He was appointed to the Supreme Court of Canada on December 22, 1949 and became its chief justice on September 1, 1967. He served on the Supreme Court for 20 years and retired on March 23, 1970. Chief Justice Cartwright died on November 24, 1979, at the age of 84.

Né à Toronto (Ontario) le 23 mars 1895, John Robert Cartwright est le fils de James Strachan Cartwright et de Jane Elizabeth Young. Après avoir terminé ses études au Upper Canada College en 1912, il entreprend des études de droit à l'école de droit Osgoode Hall et commence son stage dans le cabinet Smith, Rae & Greer. Il interrompt ses études en 1914 pour servir outre-mer dans les forces armées pendant la Première Guerre mondiale. Il est blessé à deux reprises en 1915, et pendant les deux années qui suivent, sert comme aide de camp auprès de trois généraux successifs. Il reçoit la Croix militaire en 1917. À son retour au Canada, il reprend ses études. Il est admis au barreau en 1920 et se joint au cabinet Smith, Rae & Greer de Toronto. En 1947 il est procureur auprès du gouvernement du Canada dans les poursuites découlant de l'enquête de la Commission royale sur les activités d'espionnage au Canada dirigée par les juges Taschereau et Kellock. Il est nommé à la Cour suprême du Canada le 22 décembre 1949 et devient juge en chef du Canada le 1er septembre 1967. Il siège à la Cour suprême pendant 20 ans avant de prendre sa retraite le 23 mars 1970. Le juge en chef Cartwright meurt le 24 novembre 1979, à l'âge de 84 ans.

Joseph Honoré Gérald Fauteux

Joseph Honoré Gérald Fauteux was born in Saint-Hyacinthe, Quebec, on October 22, 1900. He was the son of Homère Fauteux and Héva Mercier. He studied at the University of Montreal and graduated with an LL.L. in 1925. Called to the bar that year, he settled in Montreal, where he practised with his grandfather, Honoré Mercier, forming the law firm of Mercier & Fauteux. From 1930 to 1936, he was Crown Prosecutor for Montreal, and in 1939 he became Chief Crown Prosecutor of the province of Quebec. In 1946 he was associated with the Royal Commission on Spying Activities in Canada, acting as a legal adviser. For 14 years, he taught criminal law as a sessional lecturer at McGill University and was dean of the Faculty of Law from 1949 to 1950. He was appointed to the Superior Court of Quebec in 1947 and to the Supreme Court of Canada on December 22, 1949. He was also one of the founders of the Faculty of Law of the University of Ottawa, serving as dean from 1953 to 1962. On March 23, 1970, he was named Chief Justice of Canada. He served on the Supreme Court for 24 years, retiring on December 23, 1973. Chief Justice Fauteux died on September 14, 1980, at the age of 79.

Né à Saint-Hyacinthe (Québec) le 22 octobre 1900, Joseph Honoré Gérald Fauteux est le fils d'Homère Fauteux et d'Héva Mercier. Il étudie à l'Université de Montréal et obtient une licence en droit en 1925. Admis au barreau la même année, il s'établit à Montréal et s'associe à son grand-père, Honoré Mercier, pour fonder le cabinet Mercier & Fauteux. Procureur de la Couronne à Montréal de 1930 à 1936, il devient procureur en chef de la Couronne de la province de Québec en 1939. En 1946 il est conseiller juridique auprès de la Commission royale sur les activités d'espionnage au Canada. Il enseigne aussi le droit pénal comme chargé de cours à l'Université McGill pendant 14 ans et est doyen de la Faculté de droit en 1949 et 1950. Il est nommé à la Cour supérieure du Québec en 1947 et à la Cour suprême du Canada le 22 décembre 1949. Un des fondateurs de la Faculté de droit de l'Université d'Ottawa, il en est doyen de 1953 à 1962. Le 23 mars 1970, il devient juge en chef du Canada. Il siège à la Cour suprême pendant 24 ans avant de prendre sa retraite le 23 décembre 1973. Le juge en chef Fauteux meurt le 14 septembre 1980, à l'âge de 79 ans.

Bora Laskin

Bora Laskin was born in Fort William (Thunder Bay), Ontario, on October 5, 1912. He was the son of Max Laskin and Bluma Zingel. After graduating with a B.A. from the University of Toronto in 1933, he enrolled at Osgoode Hall Law School. From 1933 to 1936, he served his articles and continued to study at the University of Toronto, earning an M.A. in 1935 and an LL.B. in 1936. The following year, he received an LL.M. from Harvard Law School. Upon his return to Toronto that year, he was called to the bar and began his legal career writing headnotes for *The Canadian Abridgement*. In 1940 he embarked on a teaching career, first at Osgoode Hall Law School and then for over 15 years at the University of Toronto. He was the author of many legal texts, including *Canadian Constitutional Law*, and was associate editor of *Dominion Law Reports* and *Canadian Criminal Cases* for 23 years. He was appointed to the Ontario Court of Appeal in 1965 and to the Supreme Court of Canada on March 19, 1970. On December 27, 1973, he was named Chief Justice of Canada. He served on the Supreme Court for 14 years. Chief Justice Laskin died on March 26, 1984, at the age of 71.

Né à Fort William (Thunder Bay), Ontario, le 5 octobre 1912, Bora Laskin est le fils de Max Laskin et de Bluma Zingel. Après avoir terminé un baccalauréat ès arts à l'Université de Toronto en 1933, il s'inscrit à l'école de droit Osgoode Hall. De 1933 à 1936, il fait son stage et poursuit ses études à l'Université de Toronto, qui lui décerne une maîtrise ès arts en 1935 et un baccalauréat en droit en 1936. L'année suivante, il termine une maîtrise en droit à l'Université Harvard et retourne à Toronto. Admis au barreau en 1937, il travaille quelque temps comme arrêtiste, rédigeant des sommaires pour *The Canadian Abridgement*. En 1940 il entame une carrière dans l'enseignement, d'abord à l'école de droit Osgoode Hall, puis, pendant plus de 15 ans, à l'Université de Toronto. Auteur de plusieurs ouvrages juridiques, dont *Canadian Constitutional Law*, il est rédacteur adjoint des recueils *Dominion Law Reports* et *Canadian Criminal Cases* pendant 23 ans. Il est nommé à la Cour d'appel de l'Ontario en 1965 et à la Cour suprême du Canada le 19 mars 1970. Le 27 décembre 1973, il devient juge en chef du Canada. Il siège à la Cour suprême pendant 14 ans. Le juge en chef Laskin meurt le 26 mars 1984, à l'âge de 71 ans.

Robert George Brian Dickson

Robert George Brian Dickson was born in Yorkton, Saskatchewan, on May 25, 1916. He was the son of Thomas Dickson and Sarah Elizabeth Gibson. After his family moved to Winnipeg, he attended the University of Manitoba and graduated with an LL.B. in 1938. He worked for two years in the investment department of the Great-West Life Assurance Company, then was called to the bar in 1940. Before practising law, he enlisted in the armed forces during the Second World War and served overseas, where he was severely wounded in 1944. Upon his return to Winnipeg in 1945, he joined the law firm of Aikins, Loftus, MacAulay, Turner, Thompson & Tritschler. He also lectured at the Faculty of Law of the University of Manitoba for six years, until 1954. In 1963 he was appointed to the Court of Queen's Bench of Manitoba and four years later was elevated to the Manitoba Court of Appeal. He was appointed to the Supreme Court of Canada on March 26, 1973 and became its chief justice on April 18, 1984. He served on the Supreme Court for 17 years before retiring on June 30, 1990. Chief Justice Dickson died on October 17, 1998, at the age of 82.

Né à Yorkton (Saskatchewan) le 25 mai 1916, Robert George Brian Dickson est le fils de Thomas Dickson et de Sarah Elizabeth Gibson. Lorsque sa famille déménage à Winnipeg, il s'inscrit à l'Université du Manitoba et reçoit un baccalauréat en droit en 1938. Il travaille à la division des investissements de la compagnie d'assurance-vie Great-West pendant deux ans avant d'être admis au barreau en 1940. Il s'enrôle dans les forces armées pendant la Deuxième Guerre mondiale et sert outre-mer, où il est grièvement blessé en 1944. De retour à Winnipeg en 1945, il se joint au cabinet Aikins, Loftus, MacAulay, Turner, Thompson & Tritschler. De plus, il est chargé de cours à la Faculté de droit de l'Université du Manitoba pendant six ans, jusqu'en 1954. Il est nommé à la Cour du Banc de la Reine du Manitoba en 1963 et à la Cour d'appel du Manitoba en 1967. Le 26 mars 1973 il est nommé à la Cour suprême du Canada, et le 18 avril 1984 il devient juge en chef du Canada. Il siège à la Cour suprême pendant 17 ans avant de prendre sa retraite le 30 juin 1990. Le juge en chef Dickson meurt le 17 octobre 1998, à l'âge de 82 ans.

Antonio Lamer

Antonio Lamer was born in Montreal, Quebec, on July 8, 1933. He is the son of Antonio Lamer and Florence Storey. After completing his studies at Collège de Saint-Laurent, he studied law at the University of Montreal, obtaining an LL.L. in 1956. Called to the bar the following year, he practised law in Montreal, first with his father, and then with the firm of Cutler, Lamer, Bellemare et associés. He founded the Defence Attorneys' Association of Quebec and was national chairman of the Criminal Justice Section of the Canadian Bar Association. In 1967 he became an associate professor at the Faculty of Law of the University of Montreal and a lecturer in criminology. Appointed to the Superior Court of Quebec in 1969, he was called upon to preside over some of the trials resulting from the October Crisis of 1970. In 1971 he was appointed vice-chairman of the Law Reform Commission of Canada, and five years later he became its chairman. He was elevated to the Quebec Court of Appeal in 1978 and appointed to the Supreme Court of Canada on March 28, 1980. On July 1, 1990, he was named Chief Justice of Canada. Chief Justice Lamer served on the Supreme Court for 19 years and retired on January 6, 2000.

Né à Montréal (Québec) le 8 juillet 1933, Antonio Lamer est le fils d'Antonio Lamer et de Florence Storey. Après avoir terminé ses études au Collège de Saint-Laurent, il fait son droit à l'Université de Montréal et obtient une licence en 1956. Admis au barreau l'année suivante, il pratique le droit à Montréal, d'abord avec son père, puis avec Cutler, Lamer, Bellemare et associés. Il est le fondateur de l'Association des avocats de la défense de la province de Québec et le président national de la section de justice pénale de l'Association du Barreau canadien. En 1967 il devient professeur agrégé à la Faculté de droit de l'Université de Montréal et chargé de cours en criminologie. Nommé à la Cour supérieure du Québec en 1969, il est peu après appelé à présider quelques-uns des procès découlant de la Crise d'octobre de 1970. En 1971 il devient vice-président de la Commission de réforme du droit du Canada, et à partir de 1976 il en assume la présidence. Il est nommé à la Cour d'appel du Québec en 1978 et à la Cour suprême du Canada le 28 mars 1980. Le 1er juillet 1990, il devient juge en chef du Canada . Le juge en chef Lamer siège à la Cour suprême pendant 19 ans avant de prendre sa retraite le 6 janvier 2000.

Beverley McLachlin

Beverley McLachlin was born Beverley Gietz in Pincher Creek, Alberta, on September 7, 1943. She is the daughter of Ernest Gietz and Eleanora Marian Kruschell. Educated at the University of Alberta, she earned a B.A. in 1964, and an M.A. (philosophy) and an LL.B. in 1968. In 1969 she was called to the bar of Alberta. She practised law in Edmonton for two years, then moved to Fort St. John, British Columbia, and was called to the bar of that province. In 1972 she moved to Vancouver and joined the law firm of Bull, Housser & Tupper. From 1974 to 1981, she taught at the University of British Columbia, lecturing on law before becoming an associate professor and then a full professor. She was appointed to the County Court of Vancouver in 1981 and elevated to the Supreme Court of British Columbia five months later. In 1985 she was appointed to the British Columbia Court of Appeal, and in 1988 she became Chief Justice of the Supreme Court of British Columbia. The following year, on March 30, 1989, she was appointed to the Supreme Court of Canada, and on January 7, 2000, was named Chief Justice of Canada.

Née Beverley Gietz, à Pincher Creek (Alberta), le 7 septembre 1943, Beverley McLachlin est la fille d'Ernest Gietz et d'Eleanora Marian Kruschell. Elle fait ses études à l'Université de l'Alberta et reçoit un baccalauréat ès arts en 1964 ainsi qu'une maîtrise en philosophie et un baccalauréat en droit en 1968. Admise au Barreau de l'Alberta en 1969, elle pratique le droit à Edmonton pendant deux ans avant de déménager à Fort St. John en Colombie-Britannique et d'être admise au barreau de cette province. En 1972 elle déménage à Vancouver et se joint au cabinet Bull, Housser & Tupper. De 1974 à 1981, elle sera tour à tour chargée de cours, professeure agrégée puis professeure titulaire à l'Université de la Colombie-Britannique. Elle est nommée à la Cour de comté de Vancouver en avril 1981 et à la Cour suprême de la Colombie-Britannique cinq mois plus tard. En 1985 elle est nommée à la Cour d'appel de la Colombie-Britannique, puis trois ans plus tard, elle devient juge en chef de la Cour suprême de la Colombie-Britannique. L'année suivante, le 30 mars 1989, elle est nommée à la Cour suprême du Canada, et le 7 janvier 2000 elle devient juge en chef du Canada.

Puisne Justices

Juges puînés

Jean-Thomas Taschereau

Jean-Thomas Taschereau was born in Quebec City, Lower Canada (Quebec), on December 12, 1814. He was the son of Jean-Thomas Taschereau and Marie Panet. After graduating from the Petit Séminaire de Québec, he began articling in 1832 with his cousin Joseph-André Taschereau and then with admiralty specialist Henry Black. Called to the bar in 1836, he went to Paris to study law at the Faculté de droit. Upon his return in 1837, he settled in Quebec City, where he practised law for 18 years. From 1855 to 1857, he taught commercial law on a part-time basis at Laval University. In 1865 he was appointed a judge of the Superior Court of Quebec, having served as an assistant judge since 1855. Eight years later, he was elevated to the Court of Queen's Bench of Quebec, and on September 30, 1875, he was appointed to the Supreme Court of Canada. He served on the Supreme Court for three years before his retirement on October 6, 1878. Justice Taschereau died on November 9, 1893, at the age of 78.

Né à Québec, Bas-Canada (Québec), le 12 décembre 1814, Jean-Thomas Taschereau est le fils de Jean-Thomas Taschereau et de Marie Panet. Après ses études au Petit Séminaire de Québec, il entreprend en 1832 son stage chez son cousin, Joseph-André Taschereau, et le termine chez Henry Black, spécialiste en droit maritime. Admis au barreau en 1836, il se rend à Paris, où il suit pendant un an des cours à la Faculté de droit. À son retour en 1837, il s'établit à Québec et y pratique le droit pendant 18 ans. De 1855 à 1857, il enseigne le droit commercial à temps partiel à l'Université Laval. En 1865 il est nommé juge à la Cour supérieure du Québec, une fonction qu'il occupait à titre de suppléant depuis 1855. Il est nommé à la Cour du Banc de la Reine du Québec huit ans plus tard et à la Cour suprême du Canada le 30 septembre 1875. Il siège à la Cour suprême pendant trois ans avant de prendre sa retraite le 6 octobre 1878. Le juge Taschereau meurt le 9 novembre 1893, à l'âge de 78 ans.

Télesphore Fournier

Télesphore Fournier was born in Saint-François-de-la-Rivière-du-Sud, Lower Canada (Quebec), on August 5, 1823. He was the son of Guillaume Fournier and Marie-Archange Morin. After graduating from the Séminaire de Nicolet, he began his legal training in 1842 in the office of René-Édouard Caron. Called to the bar in 1846, he established his practice in Quebec City and later became president of the provincial bar. His interest in politics led him to launch a newspaper, *Le National*, in 1855, and to run for political office. He was a member of Parliament from 1870 to 1875 and a member of the Legislative Assembly of Quebec from 1871 to 1873 (at the time, it was possible to hold more than one office). At the federal level, he served as Minister of Inland Revenue, Minister of Justice and Postmaster General. On April 8, 1875, when he was Minister of Justice, the bill creating the Supreme Court of Canada was adopted. He was appointed to the Court on September 30, 1875 and served on it for 20 years before his retirement on September 12, 1895. Justice Fournier died on May 10, 1896, at the age of 72.

Né à Saint-François-de-la-Rivière-du-Sud, Bas-Canada (Québec), le 5 août 1823, Télesphore Fournier est le fils de Guillaume Fournier et de Marie-Archange Morin. Après avoir terminé ses études au Séminaire de Nicolet, il entreprend en 1842 son stage chez René-Édouard Caron. Admis au barreau en 1846, il s'établit à Québec pour y pratiquer le droit, devenant plus tard bâtonnier général de la province. Son intérêt pour la politique l'amène à fonder en 1855 le journal *Le National*, et le conduit à la Chambre des communes en tant que député de 1870 à 1875. La règle du double mandat permettant de siéger à plus d'une législature, il siège aussi à l'Assemblée législative du Québec de 1871 à 1873. Membre du Cabinet fédéral, il occupe tour à tour les postes de ministre du Revenu de l'intérieur, ministre de la Justice et ministre des Postes. C'est lorsqu'il est ministre de la Justice qu'est adopté, le 8 avril 1875, le projet de loi créant la Cour suprême du Canada. Il est nommé à cette dernière le 30 septembre 1875 et y siège pendant 20 ans avant de prendre sa retraite le 12 septembre 1895. Le juge Fournier meurt le 10 mai 1896, à l'âge de 72 ans.

William Alexander Henry

William Alexander Henry was born in Halifax, Nova Scotia, on December 30, 1816. He was the son of Robert Nesbit Henry and Margaret Hendricken. Soon after his birth, his family moved to Antigonish, Nova Scotia, where he was educated by Thomas Trotter. He studied law in the office of Alexander McDougall in Antigonish and was called to the bar in 1841. The previous year, he had been elected to the Legislative Assembly of Nova Scotia. He was defeated in the 1843 elections but was re-elected in 1847. Five years later, he entered the Cabinet, and in 1854 was named Solicitor General. He changed political affiliation in 1857 and was named Solicitor General again, under a different administration, in 1859. Appointed Attorney General in 1864, he was asked to represent Nova Scotia at the conferences on Confederation held in Charlottetown and Quebec City that year and in London, England, in 1866. He is one of the Fathers of Confederation. After his defeat in the 1867 federal election, he returned to private practice in Halifax and was elected mayor of the city in 1870. He was appointed to the Supreme Court of Canada on September 30, 1875 and served on the Court for 12 years. Justice Henry died on May 3, 1888, at the age of 71.

Né à Halifax (Nouvelle-Écosse) le 30 décembre 1816, William Alexander Henry est le fils de Robert Nesbit Henry et de Margaret Hendricken. Peu après sa naissance, sa famille déménage à Antigonish (Nouvelle-Écosse), où il est instruit par Thomas Trotter. Il étudie ensuite le droit dans l'étude d'Alexander McDougall à Antigonish et est admis au barreau en 1841. Élu à l'Assemblée législative de la Nouvelle-Écosse en 1840, il subit une défaite en 1843 mais se fait réélire en 1847. Cinq ans plus tard, il devient membre du Cabinet et en 1854 est nommé solliciteur général. En 1857 il change de parti et deux ans plus tard est nommé solliciteur général encore une fois sous un autre gouvernement. Nommé procureur général de la province en 1864, il est choisi pour représenter la Nouvelle-Écosse aux conférences sur la Confédération tenues à Charlottetown et à Québec cette année-là, et à Londres en 1866. Il est donc un Père de la Confédération. Vaincu aux élections fédérales de 1867, il reprend la pratique du droit à Halifax et est élu maire de cette ville trois ans plus tard. Il est nommé à la Cour suprême du Canada le 30 septembre 1875 et y siège pendant 12 ans. Le juge Henry meurt le 3 mai 1888, à l'âge de 71 ans.

John Wellington Gwynne

John Wellington Gwynne was born in Castleknock, Ireland, on March 30, 1814. He was the son of William Gwynne and Eliza Nelson. After studying at Trinity College in Dublin, he emigrated to Canada in 1832, at the age of 18. He enrolled as a law student with the Law Society of Upper Canada then spent two years articling with Thomas Kirkpatrick in Kingston, Upper Canada (Ontario). In 1834 he moved to Toronto where he completed his articles in the law office of Hagerman & Draper and practised law after being called to the bar in 1837. His interests extended beyond law; from 1845 to 1853, he was a railway promoter, founding the Toronto and Guelph Railway Company, which eventually amalgamated with the Grand Trunk Railway Company of Canada. In 1868 he was appointed to the Court of Common Pleas. Three years later, he chaired a commission of inquiry into the fusion of common law and equity, a controversial topic at the time. He was appointed to the Ontario Court of Error and Appeal in 1874 and to the Supreme Court of Canada on January 14, 1879. He served on the Supreme Court for 22 years. Justice Gwynne died on January 7, 1902, at the age of 87.

Né à Castleknock (Irlande) le 30 mars 1814, John Wellington Gwynne est le fils de William Gwynne et d'Eliza Nelson. En 1832, après des études au Trinity College de Dublin, et âgé de 18 ans, il émigre au Canada. Il s'inscrit à la Société du barreau du Haut-Canada pour étudier le droit et entreprend par la suite un stage de deux ans dans le cabinet de Thomas Kirkpatrick à Kingston, Haut-Canada (Ontario). En 1834 il déménage à Toronto, où il termine son stage dans le cabinet Hagerman & Draper et pratique le droit après son admission au barreau en 1837. Le monde des affaires l'intéresse aussi : de 1845 à 1853, il s'engage dans le développement ferroviaire, fondant la Toronto and Guelph Railway Company, qui sera plus tard fusionnée avec la Grand Trunk Railway Company of Canada. En 1868 il est nommé à la Cour des plaids communs. Trois ans plus tard, il dirige une commission d'enquête sur la fusion de la common law et de l'equity, question controversée à l'époque. Il est nommé à la Cour d'Erreur et d'Appel de l'Ontario en 1874 et à la Cour suprême du Canada le 14 janvier 1879. Il siège à la Cour suprême pendant 22 ans. Le juge Gwynne meurt le 7 janvier 1902, à l'âge de 87 ans.

Christopher Salmon Patterson

Christopher Salmon Patterson was born in London, England, on January 16, 1823. He was the son of John and Ann Patterson. After completing his studies at the Royal Belfast Academical Institution in Ireland, he emigrated to Canada in 1845 and settled in Picton, Canada West (Ontario). Called to the bar in 1851, he became a partner in the office of Philip Low, where he had served his articles after his arrival in Canada. In 1856 he moved to Toronto, where he practised law for 18 years with Wilson, Patterson & Beaty. He was appointed a member of a commission of inquiry into the fusion of common law and equity in 1871. Three years later, he was appointed to the Ontario Court of Error and Appeal, and on October 27, 1888, he was elevated to the Supreme Court of Canada. He served on the Supreme Court for four years. Justice Patterson died on July 24, 1893, at the age of 70.

Né à Londres (Angleterre) le 16 janvier 1823, Christopher Salmon Patterson est le fils de John et Ann Patterson. Après avoir terminé ses études à la Royal Belfast Academical Institution en Irlande, il émigre au Canada en 1845 et s'établit à Picton, Canada-Ouest (Ontario). Il fait son stage dans le cabinet de Philip Low et devient son associé dès son admission au barreau en 1851. En 1856 il déménage à Toronto et y pratique le droit pendant 18 ans dans le cabinet Wilson, Patterson & Beaty. En 1871 il devient membre d'une commission d'enquête sur la fusion de la common law et de l'equity. Il est nommé à la Cour d'Erreur et d'Appel de l'Ontario en 1874 et à la Cour suprême du Canada le 27 octobre 1888. Il siège à la Cour suprême pendant quatre ans. Le juge Patterson meurt le 24 juillet 1893, à l'âge de 70 ans.

Robert Sedgewick

Robert Sedgewick was born in Aberdeen, Scotland, on May 10, 1848. He was the son of Robert Sedgewick and Jessie Middleton. His family moved to Nova Scotia when he was a child. After graduating from Dalhousie University with a B.A. in 1867, he articled in Cornwall, Ontario, in the office of John Sandfield Macdonald. He was called to the bar of Ontario in 1872 and of Nova Scotia the following year. He practised law in Halifax for 15 years, first with John James Stewart, then with his brother, James Adam Sedgewick, and William Benjamin Ross. In 1883 he helped found Dalhousie Law School, one of the first university law schools in the British Empire to offer a degree in common law. He was among the first professors at the school. In 1888 he moved to Ottawa to accept the position of Deputy Minister of Justice. In that capacity, he played a major role in the drafting of the first Canadian *Criminal Code* of 1892. He was appointed to the Supreme Court of Canada on February 18, 1893 and served on the Court for 13 years. Justice Sedgewick died on August 4, 1906, at the age of 58.

Né à Aberdeen (Écosse) le 10 mai 1848, Robert Sedgewick est le fils de Robert Sedgewick et de Jessie Middleton. Sa famille déménage en Nouvelle-Écosse lorsqu'il est très jeune. Après avoir obtenu un baccalauréat ès arts de l'Université Dalhousie en 1867, il entreprend son stage à Cornwall (Ontario), dans le cabinet de John Sandfield Macdonald. Il est admis au Barreau du Haut-Canada en 1872 et à celui de la Nouvelle-Écosse l'année suivante. Il pratique le droit à Halifax pendant 15 ans, s'associant premièrement à John James Stewart, puis à son frère, James Adam Sedgewick, et William Benjamin Ross. En 1883 il aide à fonder la Dalhousie Law School, une des premières facultés de droit universitaires de l'Empire britannique à offrir un diplôme en common law. Il est un des premiers professeurs de la faculté. En 1888 il déménage à Ottawa pour accepter le poste de sous-ministre de la Justice. C'est à ce titre qu'il joue un rôle de premier plan dans la rédaction du premier *Code criminel* canadien de 1892. Il est nommé à la Cour suprême du Canada le 18 février 1893 et y siège pendant 13 ans. Le juge Sedgewick meurt le 4 août 1906, à l'âge de 58 ans.

George Edwin King

George Edwin King was born in Saint John, New Brunswick, on October 8, 1839. He was the son of George King and Mary Ann Fowler. He attended Wesleyan University in Connecticut, obtaining a B.A. in 1859 and an M.A. three years later. After articling in the office of Robert Leonard Hazen in Saint John, he was called to the bar of New Brunswick in 1865 and established his practice in his native city. Soon after, he entered politics and was elected to the House of Assembly of New Brunswick in 1867. He served as premier of the province for a short time, from 1870 to 1871, when he was only 30, and again from 1872 to 1878, serving also as attorney general from 1870 to 1878. Two years later, he was appointed to the Supreme Court of New Brunswick. In 1892 and 1893 he also taught law at the University of New Brunswick. He was appointed to the Supreme Court of Canada on September 21, 1893 and served on the Court for seven years. Justice King died on May 8, 1901, at the age of 61.

Né à Saint John (Nouveau-Brunswick) le 8 octobre 1839, George Edwin King est le fils de George King et de Mary Ann Fowler. Il fréquente l'Université Wesleyan au Connecticut et obtient un baccalauréat ès arts en 1859 ainsi qu'une maîtrise ès arts trois ans plus tard. Il retourne ensuite à Saint John pour faire son stage dans l'étude de Robert Leonard Hazen. Admis au Barreau du Nouveau-Brunswick en 1865, il pratique le droit dans sa ville natale. Peu après, il se lance en politique et est élu à l'Assemblée législative du Nouveau-Brunswick en 1867. Il est premier ministre de la province pendant une courte période de 1870 à 1871, à l'âge de 30 ans, et à nouveau de 1872 à 1878. De 1870 à 1878, il est aussi procureur général. Deux ans plus tard, il est nommé à la Cour suprême du Nouveau-Brunswick. En 1892 et 1893 il enseigne aussi le droit à l'Université du Nouveau-Brunswick. Il est nommé à la Cour suprême du Canada le 21 septembre 1893 et y siège pendant sept ans. Le juge King meurt le 8 mai 1901, à l'âge de 61 ans.

Désiré Girouard

Désiré Girouard was born in Saint-Timothée, Lower Canada (Quebec), on July 7, 1836. He was the son of Jérémie Girouard and Hyppolite Picard. After graduating from the Petit Séminaire de Montréal, he went to McGill University in 1857 to study law. While a law student, he completed his mandatory apprenticeship in the law office of Edward Carter. In 1860 he graduated with a B.C.L., was called to the bar and settled in Montreal. A prolific writer, he published an important legal text just before his call to the bar, entitled *Essai sur les lettres de change et les billets promissoires*, and he was, in 1871, one of the founding editors of the *Revue critique de législation et de jurisprudence du Canada*. He continued to write throughout his career, producing several works on history and genealogy. He entered politics and was a member of Parliament for 17 years, until 1895, making his mark as the sponsor of a law that permitted a man to marry his deceased wife's sister. At the municipal level, he became mayor of Dorval, Quebec, in 1892. He was appointed to the Supreme Court of Canada on September 28, 1895, and he served on the Court for 15 years. Justice Girouard died on March 22, 1911, at the age of 74.

Né à Saint-Timothée, Bas-Canada (Québec), le 7 juillet 1836, Désiré Girouard est le fils de Jérémie Girouard et de Hyppolite Picard. Après des études au Petit Séminaire de Montréal, il entreprend en 1857 des études de droit à l'Université McGill tout en faisant un stage obligatoire dans le cabinet de l'avocat Edward Carter. En 1860 il termine son baccalauréat en droit civil, est admis au barreau et s'établit à Montréal. Auteur prolifique, il publie, peu avant son admission au barreau, son *Essai sur les lettres de change et les billets promissoires*, et fonde avec des associés, en 1871, la *Revue critique de législation et de jurisprudence du Canada*. Il écrit aussi plusieurs ouvrages historiques et généalogiques. De plus, il se lance en politique et siège à la Chambre des communes pendant 17 ans, jusqu'en 1895, laissant sa marque en réussissant à faire adopter une loi permettant à un homme d'épouser la sœur de son épouse défunte. Au niveau municipal, il devient en 1892 le maire de Dorval (Québec). Il est nommé à la Cour suprême du Canada le 28 septembre 1895 et y siège pendant 15 ans. Le juge Girouard meurt le 22 mars 1911, à l'âge de 74 ans.

David Mills

David Mills was born in the township of Orford, Upper Canada (Ontario), on March 18, 1831. He was the son of Nathaniel Mills and Mary Guggerty. He was educated at the local common school and became a teacher. In 1856 he was promoted to Superintendent of Schools in Kent County. He began studying law at the University of Michigan in 1865 and graduated two years later with an LL.B., but he was not called to the Ontario bar until 1883. Turning to politics instead, he was elected to the House of Commons in the Dominion's first elections in 1867 and was a member of Parliament for a total of 27 years. He was Minister of the Interior from 1876 to 1878 and Minister of Justice from 1897 to 1902, a position he held in the Senate, to which he had been appointed in 1896. For five years he was editor-in-chief for the *London Advertiser*, and in 1888 he became a professor of constitutional and international law at the University of Toronto. He was appointed to the Supreme Court of Canada on February 8, 1902, and served on the Court for one year. Justice Mills died on May 8, 1903, at the age of 72.

Né dans le canton d'Orford, Haut-Canada (Ontario), le 18 mars 1831, David Mills est le fils de Nathaniel Mills et de Mary Guggerty. Après avoir terminé ses études à l'école publique locale, il devient enseignant puis, en 1856, inspecteur des écoles du comté de Kent. Il entreprend en 1865 des études de droit à l'Université du Michigan et obtient son baccalauréat deux ans plus tard. Il ne sera admis au Barreau du Haut-Canada qu'en 1883, préférant entre-temps se consacrer à la politique. Élu à la Chambre des communes lors des premières élections du Dominion en 1867, il y siège pendant 27 ans. Il est ministre de l'Intérieur de 1876 à 1878 et ministre de la Justice de 1897 à 1902, poste qu'il occupe à partir du Sénat, où il a été nommé en 1896. De plus, il est pendant cinq ans rédacteur en chef du *London Advertiser* et devient professeur de droit constitutionnel et international à l'Université de Toronto en 1888. Il est nommé à la Cour suprême du Canada le 8 février 1902 et y siège pendant un an. Le juge Mills meurt le 8 mai 1903, à l'âge de 72 ans.

John Douglas Armour

John Douglas Armour was born in the township of Otonabee, Upper Canada (Ontario), on May 4, 1830. He was the son of Samuel Armour. After graduating with a B.A. from the University of Toronto in 1850, he studied law in the office of his brother, Robert Armour, then in that of P. M. M. VanKoughnet. He was called to the bar in 1853 and practised in Cobourg, Canada West (Ontario), for 25 years, first with Sidney Smith and later with H. F. Holland. In 1877 he was appointed to the Court of Queen's Bench of Ontario and was named its chief justice in November 1887. In 1901 he became Chief Justice of Ontario. The following year, on November 21, 1902, he was appointed to the Supreme Court of Canada. Three months later, the imperial government appointed him to the Alaskan Boundary Commission. He served on the Supreme Court for seven months. Justice Armour died on July 11, 1903 at the age of 73, while working with the Commission in London, England.

Né dans le canton d'Otonabee, Haut-Canada (Ontario), le 4 mai 1830, John Douglas Armour est le fils de Samuel Armour. Après avoir obtenu un baccalauréat ès arts à l'Université de Toronto en 1850, il étudie le droit dans le cabinet de son frère, Robert Armour, et plus tard dans celui de P. M. M. VanKoughnet. Admis au barreau en 1853, il pratique le droit à Cobourg, Canada-Ouest (Ontario) pendant 25 ans, s'associant avec Sidney Smith, puis avec H. F. Holland. En 1877 il est nommé à la Cour du Banc de la Reine de l'Ontario, dont il devient le juge en chef en novembre 1887. En 1901 il devient juge en chef de l'Ontario, et le 21 novembre 1902, il est nommé à la Cour suprême du Canada. Trois mois plus tard, le gouvernement impérial le choisit comme membre de la Commission de la frontière de l'Alaska. Il siège à la Cour suprême pendant sept mois. Le juge Armour meurt à Londres, où il travaille avec la Commission, le 11 juillet 1903 à l'âge de 73 ans.

Wallace Nesbitt

Wallace Nesbitt was born in Woodstock, Canada West (Ontario), on May 13, 1858. He was the son of John W. Nesbitt and Mary Wallace. He studied at Woodstock College, enrolled as a student at the Law Society of Upper Canada and articled in Woodstock. Called to the bar in 1881, he practised law briefly in Hamilton, Ontario. In 1882 he moved to Toronto, where he practised with McCarthy, Osler, Hoskin & Creelman for 10 years before joining Beatty, Chadwick, Blackstock & Galt. He was often called upon to argue before the Judicial Committee of the Privy Council in London, England. On May 16, 1903, he was appointed to the Supreme Court of Canada. He served on the Supreme Court for two years and resigned on October 4, 1905. Justice Nesbitt died on April 7, 1930, at the age of 71.

Né à Woodstock, Canada-Ouest (Ontario), le 13 mai 1858, Wallace Nesbitt est le fils de John W. Nesbitt et de Mary Wallace. Il fait des études au Woodstock College, puis s'inscrit à la Société du barreau du Haut-Canada pour étudier le droit et fait son stage à Woodstock. Admis au barreau en 1881, il pratique le droit brièvement à Hamilton (Ontario). En 1882 il déménage à Toronto, où il pratique le droit dans le cabinet McCarthy, Osler, Hoskin & Creelman pendant dix ans avant de s'associer à Beatty, Chadwick, Blackstock & Galt. Il est appelé à plusieurs reprises à plaider à Londres devant le Comité judiciaire du Conseil privé. Le 16 mai 1903, il est nommé à la Cour suprême du Canada. Il y siège pendant deux ans avant de démissionner le 4 octobre 1905. Le juge Nesbitt meurt le 7 avril 1930, à l'âge de 71 ans.

Albert Clements Killam

Albert Clements Killam was born in Yarmouth, Nova Scotia, on September 18, 1849. He was the son of George Killam and Caroline Clements. After graduating from the University of Toronto with a B.A. in 1872, he enrolled at the Law Society of Upper Canada and articled with the Toronto firm of Crooks, Kingsmill & Cattanach and was called to the bar of Ontario in 1877. He practised law in Windsor, Ontario, for two years, and in 1879 moved to Winnipeg and was called to the bar of Manitoba. In 1883 he was elected to the Legislative Assembly of Manitoba but sat for only two years before being appointed to the Court of Queen's Bench of Manitoba in 1885. He was a member of the panel that heard the appeal of Métis leader Louis Riel in September of that year. In 1899 he was named Chief Justice of Manitoba and on August 8, 1903, was appointed to the Supreme Court of Canada. He served on the Supreme Court for a year and resigned on February 6, 1905 to become Chief Commissioner of the Board of Railway Commissioners. Justice Killam died on March 1, 1908, at the age of 58.

Né à Yarmouth (Nouvelle-Écosse) le 18 septembre 1849, Albert Clements Killam est le fils de George Killam et de Caroline Clements. Après avoir obtenu un baccalauréat ès arts de l'Université de Toronto en 1872, il s'inscrit à la Société du barreau du Haut-Canada et fait son stage dans le cabinet torontois Crooks, Kingsmill & Cattanach. Admis au Barreau du Haut-Canada en 1877, il pratique le droit à Windsor (Ontario). En 1879 il déménage à Winnipeg et est admis au Barreau du Manitoba. En 1883 il est élu à l'Assemblé législative du Manitoba et y siège pendant deux ans avant d'être nommé à la Cour du Banc de la Reine du Manitoba. Il est un des juges qui entendent l'appel du chef métis Louis Riel en septembre 1885. En 1899 il devient juge en chef du Manitoba, et le 8 août 1903, il est nommé à la Cour suprême du Canada. Il y siège pendant un an avant de démissionner le 6 février 1905 et d'accepter la présidence de la Commission des chemins de fer. Le juge Killam meurt le 1er mars 1908, à l'âge de 58 ans.

John Idington

John Idington was born in Puslinch, Upper Canada (Ontario), on October 14, 1840. He was the son of Peter Idington and Catherine Stewart. He studied at the University of Toronto, graduating with an LL.B. in 1864. Called to the bar the same year, he settled in Stratford, Canada West (Ontario), where he practised for 40 years. Early in his career, he served as Crown Attorney and Clerk of the Peace for the county of Perth. In 1894 and 1895 he was president of the Western Bar Association. He was appointed to the High Court of Justice of Ontario in 1904 and to the Supreme Court of Canada on February 10, 1905. He served on the Supreme Court for 22 years and retired on March 31, 1927. Justice Idington died on February 7, 1928, at the age of 87.

Né à Puslinch, Haut-Canada (Ontario), le 14 octobre 1840, John Idington est le fils de Peter Idington et de Catherine Stewart. Il fréquente l'Université de Toronto et obtient un baccalauréat en droit en 1864. Admis au barreau peu après, il s'établit à Stratford, Canada-Ouest (Ontario), où il pratique le droit pendant 40 ans. Au début de sa carrière, il est procureur de la Couronne et greffier de la paix pour le comté de Perth. De 1894 à 1895, il est président de la Western Bar Association. Il est nommé à la Haute Cour de justice de l'Ontario en 1904 et à la Cour suprême du Canada le 10 février 1905. Il siège à la Cour suprême pendant 22 ans avant de prendre sa retraite le 31 mars 1927. Le juge Idington meurt le 7 février 1928, à l'âge de 87 ans.

James Maclennan

James Maclennan was born in the township of Lancaster, Upper Canada (Ontario), on March 17, 1833. He was the son of Roderick Maclennan and Mary Macpherson. After graduating from Queen's University with a B.A. in 1849, he stayed in Kingston, Canada West (Ontario), and enrolled with the Law Society of Upper Canada as a law student in 1851. In 1854 he began articling in the office of Alexander Campbell, Sir John A. Macdonald's former law partner. Called to the bar in 1857, he practised law in Hamilton for two years before moving to Toronto and joining Oliver Mowat to establish the law office of Mowat, Maclennan & Downey. He had a short and stormy political career. He was elected to the House of Commons in 1874, but the election was declared void shortly after. Later that year, he was re-elected in a by-election, but that too was declared void in the fall of 1875 and his opponent took over his seat. He returned to his law practice and in 1888 was appointed to the Ontario Court of Appeal, a position he held for 17 years. On October 5, 1905, he was appointed to the Supreme Court of Canada. He served on the Supreme Court for three years and retired on February 13, 1909. Justice Maclennan died on June 9, 1915, at the age of 82.

Né dans le canton de Lancaster, Haut-Canada (Ontario), le 17 mars 1833, James Maclennan est le fils de Roderick Maclennan et de Mary Macpherson. Après avoir reçu un baccalauréat ès arts de l'Université Queen's en 1849, il reste à Kingston, Canada-Ouest (Ontario), et s'inscrit à la Société du barreau du Haut-Canada en 1851 pour étudier le droit. Il entreprend en 1854 son stage dans le cabinet d'Alexander Campbell, ancien associé de sir John A. Macdonald. Admis au barreau en 1857, il pratique le droit à Hamilton pendant deux ans puis déménage à Toronto pour s'associer avec Oliver Mowat et fonder le cabinet Mowat, Maclennan & Downey. Sa carrière politique est courte et tumultueuse. Il est élu à la Chambre des communes en 1874, mais l'élection est peu après annulée. La même année, il est réélu lors d'une élection partielle, mais celle-ci est aussi annulée à l'automne 1875 et son adversaire est déclaré vainqueur. Il reprend alors la pratique du droit et en 1888 devient juge à la Cour d'appel de l'Ontario, où il siège pendant 17 ans. Le 5 octobre 1905, il est nommé à la Cour suprême du Canada. Il y siège pendant trois ans avant de prendre sa retraite le 13 février 1909. Le juge Maclennan meurt le 9 juin 1915, à l'âge de 82 ans.

Louis-Philippe Brodeur

Louis-Philippe Brodeur was born in Belœil, Canada East (Quebec), on August 21, 1862. He was the son of Toussaint Brodeur and Justine Lambert. After graduating from the Séminaire de Saint-Hyacinthe, he attended Laval University in Montreal and obtained an LL.B. in 1884. Called to the bar later that year, he settled in Montreal and worked with Honoré Mercier before establishing the law firm of Dandurand et Brodeur. In 1891 he was elected to the House of Commons. He was a member of Parliament for 20 years, and held the positions of Speaker of the House, Minister of Inland Revenue, Minister of Marine and Fisheries, and Minister of Naval Service. In the latter capacity, he introduced a bill to create a Canadian navy in 1910. On August 11, 1911, he was appointed to the Supreme Court of Canada. He served on the Court for 12 years, resigning on October 10, 1923 to succeed Sir Charles Fitzpatrick as Lieutenant-Governor of Quebec. Justice Brodeur died on January 2, 1924, at the age of 61.

Né à Belœil, Canada-Est (Québec), le 21 août 1862, Louis-Philippe Brodeur est le fils de Toussaint Brodeur et de Justine Lambert. Ses études au Séminaire de Saint-Hyacinthe terminées, il étudie à l'Université Laval à Montréal et obtient un baccalauréat en droit en 1884. Admis au barreau la même année, il s'établit à Montréal et s'associe quelque temps à Honoré Mercier avant de fonder le cabinet Dandurand et Brodeur. En 1891 il est élu à la Chambre des communes, où il siège pendant 20 ans, occupant tour à tour le rôle de président de la Chambre des communes, ministre du Revenu de l'intérieur, ministre de la Marine et des Pêcheries, et ministre du Service naval. En tant que ministre du Service naval, il présente en 1910 le projet de loi créant la marine canadienne. Le 11 août 1911, il est nommé à la Cour suprême du Canada. Il y siège pendant 12 ans avant de démissionner le 10 octobre 1923 pour succéder à sir Charles Fitzpatrick au poste de lieutenant-gouverneur du Québec. Le juge Brodeur meurt le 2 janvier 1924, à l'âge de 61 ans.

Pierre-Basile Mignault

Pierre-Basile Mignault was born in Worcester, Massachusetts, on September 30, 1854. He was the son of Pierre-Basile Mignault and Catherine O'Callaghan. While attending McGill University, he did the required legal clerkship in the law office of Mousseau, Chapleau et Archambault. He graduated with a B.C.L. degree in 1878 and was called to the bar the same year. In 1906 he was president of the bar of Montreal, one of several positions he held in the 40 years he practised law in the city. The author of many legal texts, including the *Manuel de droit parlementaire*, the *Traité de droit paroissial* and the classic nine-volume *Traité de droit civil*, he taught civil law at McGill University part-time for six years. In 1914 he was appointed to the International Joint Commission, on which he sat for four years. On October 25, 1918, he was appointed to the Supreme Court of Canada. He served on the Court for 10 years, retiring on September 30, 1929. Justice Mignault died on October 15, 1945, at the age of 91.

Né à Worcester (Massachusetts) le 30 septembre 1854, Pierre-Basile Mignault est le fils de Pierre-Basile Mignault et de Catherine O'Callaghan. Il étudie le droit à l'Université McGill tout en faisant son stage dans le cabinet Mousseau, Chapleau et Archambault. En 1878 il reçoit un baccalauréat en droit civil et est admis au barreau. Il pratique le droit à Montréal pendant quarante ans et sera, entre autres, bâtonnier de Montréal en 1906. Auteur de plusieurs ouvrages juridiques, dont le *Manuel de droit parlementaire*, le *Traité de droit paroissial* et le *Traité de droit civil* en neuf volumes, qui devient un classique, il enseigne le droit civil à temps partiel à l'Université McGill pendant six ans. En 1914 il est nommé à la Commission mixte internationale, où il siège pendant quatre ans. Le 25 octobre 1918, il est nommé à la Cour suprême du Canada. Il y siège pendant 10 ans avant de prendre sa retraite le 30 septembre 1929. Le juge Mignault meurt le 15 octobre 1945, à l'âge de 91 ans.

Arthur Cyrille Albert Malouin

Arthur Cyrille Albert Malouin was born in Quebec City, Canada East (Quebec), on March 13, 1857. He was the son of Jacques Malouin and Marie-Angélique Suzor. He received a classical education at the Séminaire de Québec, then studied law at Laval University, obtaining an LL.B. in 1882. Called to the bar later that year, he joined the law office of Malouin, Montambault & Malouin in Quebec City. He practised law in his native city for 23 years, eventually becoming Crown Attorney for the district of Quebec. In 1898 he was elected to the House of Commons in a by-election. He was re-elected in 1900 and 1904, but he left politics in 1905 to accept an appointment to the Superior Court of Quebec. He was elevated to the Supreme Court of Canada on January 30, 1924 and served on the Court for eight months, retiring on October 1, 1924. Justice Malouin died on April 5, 1936, at the age of 79.

Né à Québec, Canada-Est (Québec), le 13 mars 1857, Arthur Cyrille Albert Malouin est le fils de Jacques Malouin et de Marie-Angélique Suzor. Il fait ses études classiques au Séminaire de Québec puis obtient un baccalauréat en droit de l'Université Laval en 1882. Admis au barreau la même année, il exerce le droit à Québec dans le cabinet Malouin, Montambault & Malouin. Il pratique le droit dans sa ville natale pendant 23 ans, devenant plus tard procureur de la Couronne pour le district de Québec. En 1898 il est élu à la Chambre des communes lors d'une élection partielle. Il est réélu en 1900 et 1904, mais il abandonne la politique lorsqu'il est nommé à la Cour supérieure du Québec en 1905. Le 30 janvier 1924, il est nommé à la Cour suprême du Canada. Il y siège pendant huit mois avant de prendre sa retraite le 1er octobre 1924. Le juge Malouin meurt le 5 avril 1936, à l'âge de 79 ans.

Edmund Leslie Newcombe

Edmund Leslie Newcombe was born in Cornwallis, Nova Scotia, on February 17, 1859. He was the son of John Cumming Newcombe and Abigail H. Calkin. He received his B.A. in 1878 and M.A. in 1881 from Dalhousie University, and his LL.B. in 1881 from the short-lived University of Halifax. Called to the bar of Nova Scotia the following year, he practised law in Kentville until 1886, when he moved to Halifax to establish the law firm of Meagher, Drysdale & Newcombe. He was also appointed Lecturer on Marine Insurance Law at Dalhousie University in 1892. In 1893 he moved to Ottawa to become Deputy Minister of Justice and was called to the bar of Ontario. He was Deputy Minister for over 30 years and frequently pleaded before the Judicial Committee of the Privy Council in London, England. In 1914 he acted as counsel for the Government of Canada in the public inquiry into the sinking of the *S.S. Empress of Ireland*. He was appointed to the Supreme Court of Canada on September 16, 1924 and served on the Court for seven years. Justice Newcombe died on December 9, 1931, at the age of 72.

Né à Cornwallis (Nouvelle-Écosse) le 17 février 1859, Edmund Leslie Newcombe est le fils de John Cumming Newcombe et d'Abigail H. Calkin. Il reçoit un baccalauréat ès arts en 1878 et une maîtrise ès arts en 1881 de l'Université Dalhousie, ainsi qu'un baccalauréat en droit en 1881 de l'Université d'Halifax, un établissement éphémère. Admis au Barreau de la Nouvelle-Écosse l'année suivante, il entame la pratique du droit à Kentville mais déménage à Halifax en 1886 pour fonder le cabinet Meagher, Drysdale & Newcombe. Il devient aussi chargé de cours à l'Université Dalhousie, enseignant le droit des assurances maritimes en 1892. En 1893 il se rend à Ottawa pour devenir sous-ministre de la Justice et est admis au Barreau du Haut-Canada. Sous-ministre pendant plus de 30 ans, il se rend à plusieurs reprises plaider devant le Comité judiciaire du Conseil privé à Londres. En 1914 il représente le gouvernement du Canada lors de l'enquête sur le naufrage du *S.S. Empress of Ireland*. Il est nommé à la Cour suprême du Canada le 16 septembre 1924 et y siège pendant sept ans. Le juge Newcombe meurt le 9 décembre 1931, à l'âge de 72 ans.

John Henderson Lamont

John Henderson Lamont was born in Horning's Mills, Canada West (Ontario), on November 12, 1865. He was the son of Duncan Carmichael Lamont and Margaret Robson Henderson. He graduated from the University of Toronto with a B.A. in 1892 and an LL.B. in 1893. The same year, he was called to the bar of Ontario. He practised law in Toronto for six years before moving to Prince Albert, Northwest Territories, where he eventually founded the law firm of Lamont & Turgeon. In 1902 he became Crown Prosecutor and two years later was elected to represent Saskatchewan in the House of Commons. He resigned that position in 1905 to represent Prince Albert in the legislative assembly of the newly created province of Saskatchewan. Shortly after, he was sworn in as Saskatchewan's Attorney General. He was appointed to the Supreme Court of Saskatchewan in 1907 and served on the Court for almost 20 years. On April 2, 1927, he was appointed to the Supreme Court of Canada, serving on the Court for eight years. Justice Lamont died on March 10, 1936, at the age of 70.

Né à Horning's Mills, Canada-Ouest (Ontario), le 12 novembre 1865, John Henderson Lamont est le fils de Duncan Carmichael Lamont et de Margaret Robson Henderson. Il fréquente l'Université de Toronto et obtient un baccalauréat ès arts en 1892 et un baccalauréat en droit en 1893. Il est admis au Barreau du Haut-Canada la même année. Il pratique le droit à Toronto pendant six ans avant de déménager à Prince Albert (Territoires du Nord-Ouest), où il fonde plus tard le cabinet Lamont & Turgeon. En 1902 il devient procureur de la Couronne. Deux ans plus tard, il est élu représentant de la Saskatchewan à la Chambre des communes. Il démissionne en 1905 pour représenter Prince Albert à la première assemblée législative de la province de la Saskatchewan. Nommé au Cabinet, il devient procureur général de la Saskatchewan. Il est nommé à la Cour suprême de la Saskatchewan en 1907 et y siège pendant près de 20 ans. Le 2 avril 1927, il est nommé à la Cour suprême du Canada, où il siège pendant huit ans. Le juge Lamont meurt le 10 mars 1936, à l'âge de 70 ans.

Robert Smith

Robert Smith was born in Lanark County, Canada West (Ontario), on December 7, 1858. He was the son of William Smith and Jean Neilson. In 1880 he enrolled with the Law Society of Upper Canada as a law student. Called to the bar in 1885, he settled in Cornwall, Ontario, where he practised law for 37 years. As director, secretary-treasurer and one of the principal shareholders in the Montreal and Cornwall Navigation Company Ltd., he helped promote transportation on the St. Lawrence River. In 1908 he was elected to the House of Commons and was a member of Parliament for three years. He became a judge in 1922, when he was appointed to the High Court Division of the Supreme Court of Ontario. The following year, he was elevated to the Appellate Division, and in 1926 he was asked to sit on the Supreme Court of Canada as an *ad hoc* judge. On May 18, 1927, he was appointed to the Supreme Court of Canada. He served on the Court for six years before his retirement on December 7, 1933. Justice Smith died on March 18, 1942, at the age of 83.

Né dans le comté de Lanark, Canada-Ouest (Ontario), le 7 décembre 1858, Robert Smith est le fils de William Smith et de Jean Neilson. Il s'inscrit à la Société du barreau du Haut-Canada pour étudier le droit en 1880. Admis au barreau en 1885, il s'établit à Cornwall (Ontario), où il pratique le droit pendant 37 ans. En tant qu'administrateur, secrétaire-trésorier et un des actionnaires principaux de la Montreal and Cornwall Navigation Company Ltd., il aide à promouvoir le développement du transport maritime sur le Saint-Laurent. En 1908 il est élu à la Chambre des communes, où il siège jusqu'en 1911. Nommé juge en 1922, il siège à la Division de la Haute Cour de justice de la Cour suprême de l'Ontario. L'année suivante, il est nommé à la Division d'appel, et en 1926 il est invité à siéger en tant que juge *ad hoc* à la Cour suprême du Canada. Le 18 mai 1927, il est nommé à la Cour suprême du Canada. Il y siège pendant six ans avant de prendre sa retraite le 7 décembre 1933. Le juge Smith meurt le 18 mars 1942, à l'âge de 83 ans.

Lawrence Arthur Dumoulin Cannon

Lawrence Arthur Dumoulin Cannon was born in Arthabaska, Quebec, on April 28, 1877. He was the son of Lawrence John Cannon and Aurélie Dumoulin. He received a classical education at the Séminaire de Québec, then attended Laval University, obtaining a B.A. in 1896 and an LL.L. three years later. Called to the bar in 1899, he joined the law firm of Fitzpatrick, Parent, Taschereau & Roy in Quebec City. Two of his associates, Sir Charles Fitzpatrick and Robert Taschereau, later became chief justices of Canada. In 1908 he entered politics and served eight years on the city council of Quebec City before his election to the Legislative Assembly of Quebec in 1916. He returned to private practice in 1923 and became president of the bar of Quebec the following year. He was appointed to the Court of King's Bench of Quebec in 1927 and elevated to the Supreme Court of Canada on January 14, 1930. He served on the Supreme Court for nine years. Justice Cannon died on December 25, 1939, at the age of 62.

Né à Arthabaska (Québec) le 28 avril 1877, Lawrence Arthur Dumoulin Cannon est le fils de Lawrence John Cannon et d'Aurélie Dumoulin. Après avoir terminé ses études classiques au Séminaire de Québec, il fréquente l'Université Laval et obtient un baccalauréat ès arts en 1896 et une licence en droit trois ans plus tard. Admis au barreau en 1899, il se joint à l'étude Fitzpatrick, Parent, Taschereau & Roy de Québec, pratiquant le droit avec deux futurs juges en chef de la Cour suprême du Canada, sir Charles Fitzpatrick et Robert Taschereau. Il se lance en politique en 1908 et, après huit ans au conseil municipal de la ville de Québec, il est élu à l'Assemblée législative du Québec en 1916. Sept ans plus tard, il reprend la pratique du droit et devient en 1924 bâtonnier du Barreau du Québec. Il est nommé à la Cour du banc du Roi du Québec en 1927 et à la Cour suprême du Canada le 14 janvier 1930. Il siège à la Cour suprême pendant neuf ans. Le juge Cannon meurt le 25 décembre 1939, à l'âge de 62 ans.

Oswald Smith Crocket

Oswald Smith Crocket was born in Chatham, New Brunswick, on April 13, 1868. He was the son of William Crocket and Marion Caldwell. He graduated from the University of New Brunswick with a B.A. in 1886, then studied law for five years while working as the Fredericton correspondent for the *Saint John Globe*. He was called to the bar in 1892 and later founded the law firm of Phinney & Crocket in Fredericton, but he continued to work as a journalist part-time until 1904, the year he was elected to the House of Commons. He was a member of Parliament for nine years, resigning in 1913 to accept an appointment to the Court of King's Bench Division of the Supreme Court of New Brunswick. Three years later, he was also named Judge of the Court of Divorce and Matrimonial Causes of New Brunswick. On September 21, 1932, he was appointed to the Supreme Court of Canada. He served on the Supreme Court for 11 years and retired on April 13, 1943. Justice Crocket died on March 2, 1945, at the age of 76.

Né à Chatham (Nouveau-Brunswick) le 13 avril 1868, Oswald Smith Crocket est le fils de William Crocket et de Marion Caldwell. Il étudie à l'Université du Nouveau-Brunswick et reçoit un baccalauréat ès arts en 1886. Pendant les cinq années qui suivent, il est correspondant à Fredericton pour le *Saint John Globe*, tout en poursuivant ses études de droit. Bien qu'il soit admis au barreau en 1892 et qu'il fonde plus tard le cabinet Phinney & Crocket à Fredericton, il continue de faire du journalisme jusqu'en 1904. Il est élu à la Chambre des communes cette année-là et y siège pendant neuf ans. En 1913 il est nommé juge à la Division de la Cour du banc du Roi de la Cour suprême du Nouveau-Brunswick, et trois ans plus tard il devient juge de la Cour des divorces et des causes matrimoniales de la province. Le 21 septembre 1932, il est nommé à la Cour suprême du Canada. Il y siège pendant 11 ans avant de prendre sa retraite le 13 avril 1943. Le juge Crocket meurt le 2 mars 1945, à l'âge de 76 ans.

Frank Joseph Hughes

Frank Joseph Hughes was born in the township of Peel, Ontario, on November 26, 1883. He was the son of James Hughes and Winnifred Mullarkey. After graduating from the Ontario Normal College he became a teacher, and he continued to teach while going to university. He obtained a B.A. from Queen's University in 1907, then moved to Toronto to study law at Osgoode Hall Law School. He enrolled as a law student in 1908, articled with William Buckingham in Guelph and was called to the bar in 1911. For five years, he was Assistant Crown Attorney for the County of York, Ontario, then in 1921 he held the position of Crown Attorney for a brief period. Shortly after, he established the law firm of Hughes & Agar in Toronto. He was appointed to the Supreme Court of Canada on March 17, 1933 and served on the Court for almost two years, resigning on February 13, 1935. Justice Hughes died on April 14, 1967, at the age of 83.

Né dans le canton de Peel (Ontario) le 26 novembre 1883, Frank Joseph Hughes est le fils de James Hughes et de Winnifred Mullarkey. Après avoir terminé ses études à l'Ontario Normal College, il devient enseignant. Il enseigne d'ailleurs pendant qu'il fait ses études universitaires. Il obtient un baccalauréat ès arts de l'Université Queen's en 1907 puis déménage à Toronto pour étudier le droit à l'école de droit Osgoode Hall, où il s'inscrit en 1908. Il fait son stage dans le cabinet de William Buckingham à Guelph et est admis au barreau en 1911. Pendant cinq ans, il est procureur adjoint de la Couronne du comté de York (Ontario), occupant pour une brève période en 1921 le poste de procureur de la Couronne. Peu après, il fonde le cabinet Hughes & Agar à Toronto. Nommé à la Cour suprême du Canada le 17 mars 1933, il y siège pendant un peu moins de deux ans avant de démissionner le 13 février 1935. Le juge Hughes meurt le 14 avril 1967, à l'âge de 83 ans.

Henry Hague Davis

Henry Hague Davis was born in Brockville, Ontario, on September 10, 1885. He was the son of William Henry Davis and Eliza Dowsley. He studied at the University of Toronto, obtaining a B.A. in 1907, an M.A. in 1909 and an LL.B. in 1911. Called to the bar in 1911, he joined the law firm of Kilmer, McAndrew & Irving in Toronto, where he practised for 22 years. He was appointed to the Ontario Court of Appeal in 1933 and to the Supreme Court of Canada on January 31, 1935. Maintaining his involvement with the Canadian Bar Association, he became its president in 1935. In 1938 he chaired the Royal Commission on the Bren Machine Gun Contract. He served on the Supreme Court for nine years. Justice Davis died on June 30, 1944, at the age of 58.

Né à Brockville (Ontario) le 10 septembre 1885, Henry Hague Davis est le fils de William Henry Davis et d'Eliza Dowsley. Il étudie à l'Université de Toronto, où il obtient un baccalauréat ès arts en 1907, une maîtrise ès arts en 1909 et un baccalauréat en droit en 1911. Admis au barreau en 1911, il se joint au cabinet Kilmer, McAndrew & Irving de Toronto, où il pratique le droit pendant 22 ans. En 1933 il devient juge à la Cour d'appel de l'Ontario, et le 31 janvier 1935 il est nommé à la Cour suprême du Canada. Son engagement envers l'Association du Barreau canadien ne cesse pas pour autant et il en devient le président en 1935. Il préside aussi, trois ans plus tard, la Commission royale sur le contrat de la mitrailleuse Bren. Il siège à la Cour suprême pendant neuf ans. Le juge Davis meurt le 30 juin 1944, à l'âge de 58 ans.

Albert Blellock Hudson

Albert Blellock Hudson was born in Pembroke, Ontario, on August 21, 1875. He was the son of Albert Hudson and Elizabeth Blellock. When he was three years old, his family moved to Portage la Prairie, Manitoba. He was educated there and in Winnipeg, and obtained an LL.B. from the University of Manitoba in 1898. Called to the bar the following year, he settled in Winnipeg, where he later founded the law firm of Hudson, Ormond & Marlatt, with which he practised for over 31 years. In 1914 he was elected to the Legislative Assembly of Manitoba. Re-elected in 1915, he served as Attorney General and Minister of Telegraphs and Telephones in the provincial cabinet until 1917. In 1921, after a few years away from politics, he was elected to the House of Commons. He did not run in the 1925 elections, choosing instead to practise law. He was appointed to the Supreme Court of Canada on March 24, 1936 and served on the Court for 10 years. Justice Hudson died on January 6, 1947, at the age of 71.

Né à Pembroke (Ontario) le 21 août 1875, Albert Blellock Hudson est le fils d'Albert Hudson et d'Elizabeth Blellock. Il a trois ans quand sa famille déménage à Portage la Prairie (Manitoba). Il fait ses études à Portage la Prairie et à Winnipeg, et obtient un baccalauréat en droit de l'Université du Manitoba en 1898. Admis au barreau l'année suivante, il s'établit à Winnipeg et y fonde plus tard le cabinet Hudson, Ormond & Marlatt, avec lequel il pratique le droit pendant plus de 31 ans. En 1914 il est élu à l'Assemblée législative du Manitoba. Réélu en 1915, il est procureur général et ministre des Télégraphes et des Téléphones dans le Cabinet provincial jusqu'en 1917. En 1921, après quelques années d'absence, il se présente aux élections fédérales et est élu à la Chambre des communes. Quatre ans plus tard, il abandonne la politique pour pratiquer le droit. Il est nommé à la Cour suprême du Canada le 24 mars 1936 et y siège pendant 10 ans. Le juge Hudson meurt le 6 janvier 1947, à l'âge de 71 ans.

Ivan Cleveland Rand

Ivan Cleveland Rand was born in Moncton, New Brunswick, on April 27, 1884. He was the son of Nelson Rand and Minnie Turner. He worked five years for the Intercolonial Railway before attending Mount Allison University, from which he obtained a B.A. in 1909. Three years later, he earned an LL.B. from Harvard Law School. He was called to the bar of New Brunswick in 1912 but decided to move to Medicine Hat, Alberta, where he practised law for seven years. In 1920 he moved back to Moncton and later became counsel for the Canadian National Railways. He was named Attorney General of New Brunswick in 1924 and was a member of the Legislative Assembly from February to June 1925. On April 22, 1943, he was appointed to the Supreme Court of Canada. Two years later, he developed what is known as the "Rand formula," a mechanism for levying union dues, while acting as arbitrator in a Ford labour dispute. In 1947 he was also a member of the United Nations Special Committee on Palestine. He served on the Supreme Court for 16 years and retired on April 27, 1959. Justice Rand died on January 2, 1969, at the age of 84.

Né à Moncton (Nouveau-Brunswick) le 27 avril 1884, Ivan Cleveland Rand est le fils de Nelson Rand et de Minnie Turner. Il travaille cinq ans pour le chemin de fer Intercolonial avant de fréquenter l'Université Mount Allison, qui lui décerne un baccalauréat ès arts en 1909. Trois ans plus tard, il obtient un baccalauréat en droit à l'Université Harvard. Il est admis au Barreau du Nouveau-Brunswick en 1912 mais décide de s'établir à Medicine Hat (Alberta), où il pratique le droit pendant sept ans. En 1920 il retourne à Moncton, devenant plus tard avocat-conseil auprès des Chemins de fer nationaux du Canada. Il est nommé procureur général du Nouveau-Brunswick en 1924 et siège à l'Assemblée législative de février à juin 1925. Le 22 avril 1943, il est nommé à la Cour suprême du Canada. Deux ans plus tard, à titre d'arbitre lors d'un conflit de travail chez Ford, il propose ce qui s'appelle maintenant la « formule Rand », un mécanisme de prélèvement des cotisations syndicales. En 1947 il est aussi membre de la Commission spéciale des Nations Unies pour la Palestine. Il siège à la Cour suprême pendant 16 ans avant de prendre sa retraite le 27 avril 1959. Le juge Rand meurt le 2 janvier 1969, à l'âge de 84 ans.

Roy Lindsay Kellock

Roy Lindsay Kellock was born in Perth, Ontario, on November 12, 1893. He was the son of James Francis Kellock and Annie McDonald. He graduated from McMaster University with a B.A. in 1915 and began articling in 1917 with R. E. Gray in Toronto. Called to the bar in 1920, he joined Donald, Mason, White & Foulds in Toronto, where he practised law for 22 years. He was appointed to the Ontario Court of Appeal in 1942 and to the Supreme Court of Canada on October 3, 1944. During his term on the Supreme Court, he often acted as arbitrator or conciliator in railway labour disputes across Canada. With his colleague, Justice Robert Taschereau, he co-chaired the 1946 Royal Commission on Spying Activities in Canada, which was set up as a result of the so-called "Gouzenko Affair." He served on the Supreme Court for 13 years and retired on January 15, 1958. Justice Kellock died on December 12, 1975, at the age of 82.

Né à Perth (Ontario) le 12 novembre 1893, Roy Lindsay Kellock est le fils de James Francis Kellock et d'Annie McDonald. Il obtient un baccalauréat ès arts en 1915 à l'Université McMaster et commence un stage en droit en 1917 dans le cabinet de R. E. Gray à Toronto. Admis au barreau en 1920, il se joint au cabinet Donald, Mason, White & Foulds à Toronto, où il pratique le droit pendant 22 ans. Il est nommé à la Cour d'appel de l'Ontario en 1942 et à la Cour suprême du Canada le 3 octobre 1944. Pendant qu'il siège à la Cour suprême, il sert à plusieurs reprises d'arbitre ou de conciliateur lors de conflits du travail dans les chemins de fer au Canada. En 1946 il dirige, avec le juge Robert Taschereau, la Commission royale sur les activités d'espionnage au Canada résultant de « l'affaire Gouzenko ». Il siège à la Cour suprême pendant 13 ans avant de prendre sa retraite le 15 janvier 1958. Le juge Kellock meurt le 12 décembre 1975, à l'âge de 82 ans.

James Wilfred Estey

James Wilfred Estey was born in Keswick Ridge, New Brunswick, on December 1, 1889. He was the son of Byron Leslie Estey and Sarah Ann Kee. After graduating from the University of New Brunswick with a B.A. in 1910, he studied law at Harvard University and obtained an LL.B. in 1915. When he returned to Canada, he moved to Saskatoon to teach law and economics at the University of Saskatchewan, where he was a lecturer for 10 years. In 1917 he was called to the bar and established his law practice in Saskatoon, eventually founding the firm of Estey, Moxon, Schmitt & McDonald. He served as Crown Prosecutor in Saskatoon for eight years, until 1929. In 1934 he was elected to the Legislative Assembly of Saskatchewan. During his 10 years as a member of the Assembly, he was Minister of Education for seven years and Attorney General for five years. He was appointed to the Supreme Court of Canada on October 6, 1944 and served on the Court for 11 years. Justice Estey died on January 22, 1956, at the age of 66.

Né à Keswick Ridge (Nouveau-Brunswick) le 1er décembre 1889, James Wilfred Estey est le fils de Byron Leslie Estey et de Sarah Ann Kee. Après avoir obtenu un baccalauréat ès arts de l'Université du Nouveau-Brunswick en 1910, il étudie le droit à l'Université Harvard et reçoit son baccalauréat en 1915. De retour au Canada, il s'établit à Saskatoon et enseigne le droit et l'économie à l'Université de la Saskatchewan comme chargé de cours pendant 10 ans. Admis au barreau en 1917, il pratique le droit à Saskatoon, où il fonde plus tard le cabinet Estey, Moxon, Schmitt & McDonald. Il est le procureur de la Couronne de Saskatoon pendant huit ans, jusqu'en 1929. En 1934 il est élu à l'Assemblée législative de la Saskatchewan et y siège jusqu'en 1944, occupant le poste de ministre de l'Éducation pendant sept ans et celui de procureur général pendant cinq ans. Il est nommé à la Cour suprême du Canada le 6 octobre 1944 et y siège pendant 11 ans. Le juge Estey meurt le 22 janvier 1956, à l'âge de 66 ans.

Charles Holland Locke

Charles Holland Locke was born in Morden, Manitoba, on September 16, 1887. He was the son of Corbet Locke and Esther Alice Holland. After completing his studies at the Morden Public Schools, he began his legal apprenticeship in a local law firm. A year later, he moved to Winnipeg to finish his articles in the office of Albert Blellock Hudson, a future Supreme Court of Canada judge. In 1910 he was called to the bar of Manitoba and joined the law firm of Machray, Sharpe & Dennistoun in Winnipeg. He practised law for a few years, then enlisted in the armed forces and served overseas in the First World War. Awarded the Military Cross, upon his return he resumed his practice in Winnipeg. In 1928 he was called to the bar of British Columbia and joined the law firm of Mayers, Lane & Thomson in Vancouver. On June 3, 1947, he was appointed to the Supreme Court of Canada, filling the vacancy created by the death of his mentor, Justice Hudson. He served on the Supreme Court for 15 years and retired on September 16, 1962. Justice Locke died on May 30, 1980, at the age of 92.

Né à Morden (Manitoba), le 16 septembre 1887, Charles Holland Locke est le fils de Corbet Locke et d'Esther Alice Holland. Après avoir fréquenté les écoles publiques de Morden, il commence ses études de droit dans un cabinet local. Un an plus tard, il déménage à Winnipeg pour terminer ses études dans le cabinet d'Albert Blellock Hudson, futur juge de la Cour suprême du Canada. En 1910 il est admis au Barreau du Manitoba et se joint au cabinet Machray, Sharpe & Dennistoun de Winnipeg. Il pratique le droit pendant quelques années avant de s'enrôler dans les forces armées et de servir en Europe pendant la Première Guerre mondiale. Décoré de la Croix militaire, il reprend à son retour la pratique du droit à Winnipeg. En 1928 il est admis au Barreau de la Colombie-Britannique et se joint à l'étude Mayers, Lane & Thomson de Vancouver. Le 3 juin 1947, il est nommé à la Cour suprême du Canada, comblant ainsi le poste laissé vacant par la mort de son mentor, le juge Hudson. Il siège à la Cour suprême pendant 15 ans avant de prendre sa retraite le 16 septembre 1962. Le juge Locke meurt le 30 mai 1980, à l'âge de 92 ans.

Douglas Charles Abbott

Douglas Charles Abbott was born in Lennoxville, Quebec, on May 29, 1899. He was the son of Lewis Duff Abbott and Mary Jane Pearce. After graduating from Bishop's University with a B.A., he went to McGill University to study law. Shortly after beginning his studies, he enlisted in the armed forces in 1916 and served overseas during the First World War until 1918. Upon his return, he completed his B.C.L., then went to France to study law at the University of Dijon. Once back in Canada, he was called to the bar in 1921 and joined the law firm of Fleet, Phelan, Fleet & Le Mesurier in Montreal. In 1940 he entered politics and was elected to the House of Commons. He was a member of Parliament for 14 years, serving as Minister of National Defence near the end of the Second World War and Minister of Finance from 1946 to 1954. On July 1, 1954, he was appointed to the Supreme Court of Canada. He served on the Court for 19 years and retired on December 23, 1973. Justice Abbott died on March 17, 1987, at the age of 87.

Né à Lennoxville (Québec) le 29 mai 1899, Douglas Charles Abbott est le fils de Lewis Duff Abbott et de Mary Jane Pearce. Après avoir terminé un baccalauréat ès arts à l'Université Bishop's, il s'inscrit à l'Université McGill pour étudier le droit. Ses études à peine amorcées, il s'engage dans les forces armées en 1916 et sert outre-mer pendant la Première Guerre mondiale jusqu'en 1918. Rentré au pays, il termine son baccalauréat en droit civil avant de repartir poursuivre ses études de droit à l'Université de Dijon en France. De retour à Montréal, il est admis au barreau en 1921 et se joint à l'étude Fleet, Phelan, Fleet & Le Mesurier. En 1940 il se lance en politique et est élu à la Chambre des communes. Il y siège pendant 14 ans, occupant le poste de ministre de la Défense nationale vers la fin de la Deuxième Guerre mondiale et celui de ministre des Finances de 1946 à 1954. Le 1er juillet 1954, il est nommé à la Cour suprême du Canada. Il y siège pendant 19 ans avant de prendre sa retraite le 23 décembre 1973. Le juge Abbott meurt le 17 mars 1987, à l'âge de 87 ans.

Henry Grattan Nolan

Henry Grattan Nolan was born in Calgary, Alberta, on May 5, 1893. He was the son of Patrick James Nolan and Mary Elizabeth Lee. After graduating from the University of Alberta with a B.A. in 1914, he enlisted in the armed forces and served in Europe during the First World War. He was wounded at Cambrai, France, and received the Military Cross in 1918. After the war, he attended Oxford University as a Rhodes Scholar and earned a further B.A. in 1921. Called to the English bar and the bar of Alberta in 1922, he settled in Calgary and joined the law firm of Bennett, Hannah & Sanford. During the Second World War, he acted as deputy to the Canadian Army Judge Advocate General, and at the end of the war he was chosen to be the Canadian prosecutor before the International Military Tribunal trying war criminals in the Far East. On March 1, 1956, he was appointed to the Supreme Court of Canada, on which he served for one year. Justice Nolan died on July 8, 1957, at the age of 64.

Né à Calgary (Alberta) le 5 mai 1893, Henry Grattan Nolan est le fils de Patrick James Nolan et de Mary Elizabeth Lee. Après avoir reçu un baccalauréat ès arts de l'Université de l'Alberta en 1914, il s'engage dans les forces armées et sert en Europe pendant la Première Guerre mondiale. Il est blessé lors de la bataille de Cambrai, en France, et est décoré de la Croix militaire en 1918. Boursier Rhodes, il fréquente l'Université d'Oxford après la guerre et reçoit un deuxième baccalauréat ès arts en 1921. Admis aux barreaux de l'Angleterre et de l'Alberta en 1922, il s'établit à Calgary et se joint au cabinet Bennett, Hannah & Sanford. Pendant la Deuxième Guerre mondiale, il devient adjoint au juge-avocat général de l'armée canadienne, et à la fin de la guerre il est nommé procureur canadien devant le Tribunal militaire international pour les criminels de guerre en Extrême-Orient. Il est nommé à la Cour suprême du Canada le 1er mars 1956 et y siège pendant un an. Le juge Nolan meurt le 8 juillet 1957, à l'âge de 64 ans.

Ronald Martland

Ronald Martland was born in Liverpool, England, on February 10, 1907. He was the son of John Martland and Ada Wild. When he was four years old, his family emigrated to Canada and settled in Edmonton. He graduated from high school at the age of 14, but he was too young to attend university, so he worked as a page in the Alberta Legislature for two years. He then attended the University of Alberta and obtained a B.A. in 1926 and an LL.B. two years later. Awarded a Rhodes Scholarship, he pursued his studies at Oxford University, earning a B.A. there in 1930 and a B.C.L. in 1931. Upon his return to Edmonton in 1932, he was called to the bar of Alberta and joined the law firm of Milner, Carr, Dafoe & Poirier, with which he practised for over 25 years. On January 15, 1958, he was appointed to the Supreme Court of Canada. He served on the Court for 24 years and retired on February 10, 1982. Justice Martland died on November 20, 1997, at the age of 90.

Né à Liverpool (Angleterre) le 10 février 1907, Ronald Martland est le fils de John Martland et d'Ada Wild. Il a quatre ans quand sa famille émigre au Canada et s'établit à Edmonton. Après ses études secondaires, il travaille comme page à l'Assemblée législative de l'Alberta pendant deux ans. Âgé alors de 14 ans, il est trop jeune pour s'inscrire à l'université. Il fréquente ensuite l'Université de l'Alberta, qui lui décerne un baccalauréat ès arts en 1926 et un baccalauréat en droit deux ans plus tard. Boursier Rhodes, il poursuit ses études à l'Université d'Oxford et reçoit un baccalauréat ès arts en 1930 et un baccalauréat en droit en 1931. Quand il rentre à Edmonton en 1932, il est admis au Barreau de l'Alberta et se joint au cabinet Milner, Carr, Dafoe & Poirier, dans lequel il pratique le droit pendant plus de 25 ans. Le 15 janvier 1958, il est nommé à la Cour suprême du Canada. Il y siège pendant 24 ans avant de prendre sa retraite le 10 février 1982. Le juge Martland meurt le 20 novembre 1997, à l'âge de 90 ans.

Wilfred Judson

Wilfred Judson was born in Todmorden, England, on July 20, 1902. He was the son of John and Agnes Judson. He studied at the University of Manchester, England, obtaining a B.A. in 1922 and an M.A. the following year. In 1923 he emigrated to Canada. He taught Latin in a Toronto school before attending Osgoode Hall Law School. Called to the bar in 1932, he practised law in Toronto for 19 years, first with Aylesworth, Thompson, Garden & Stuart, then with Daly, Hamilton & Thistle. He was appointed to the High Court of Justice of Ontario in 1951 and to the Supreme Court of Canada on February 5, 1958. He served on the Supreme Court for 19 years, retiring on July 20, 1977. Justice Judson died on June 15, 1980, at the age of 77.

Né à Todmorden (Angleterre) le 20 juillet 1902, Wilfred Judson est le fils de John et Agnes Judson. Il fait ses études à l'Université de Manchester, Angleterre, qui lui décerne un baccalauréat ès arts en 1922 et une maîtrise ès arts l'année suivante. En 1923 il émigre au Canada. Il enseigne le latin dans une école de Toronto avant de s'inscrire à l'école de droit Osgoode Hall. Admis au barreau en 1932, il pratique le droit à Toronto pendant 19 ans, dans le cabinet Aylesworth, Thompson, Garden & Stuart et ensuite chez Daly, Hamilton & Thistle. Il est nommé à la Haute Cour de justice de l'Ontario en 1951 et à la Cour suprême du Canada le 5 février 1958. Il siège à la Cour suprême pendant 19 ans avant de prendre sa retraite le 20 juillet 1977. Le juge Judson meurt le 15 juin 1980, à l'âge de 77 ans.

Roland Almon Ritchie

Roland Almon Ritchie was born in Halifax, Nova Scotia, on June 19, 1910. He was the son of William Bruce Almon Ritchie and Lillian Stewart. After graduating from the University of King's College with a B.A. in 1930, he went to Oxford University, where he earned a further B.A. in 1932. He returned to Halifax and was called to the bar in 1934. He practised law for a few years with Stewart, Smith, MacKeen & Rogers, then enlisted in the armed forces and went overseas during the Second World War. From 1941 to 1944, he served as Assistant Deputy Judge Advocate with the Third Canadian Division. Upon his return to Canada, he resumed his practice in Halifax and helped found the law firm of Daley, Phinney & Ritchie. He also lectured on insurance law at Dalhousie University for 12 years and acted as counsel to the royal commission on the terms of Newfoundland's union with Canada in 1949. On May 5, 1959, he was appointed to the Supreme Court of Canada. He served on the Court for 25 years, retiring on October 31, 1984. Justice Ritchie died on June 5, 1988, at the age of 77.

Né à Halifax (Nouvelle-Écosse) le 19 juin 1910, Roland Almon Ritchie est le fils de William Bruce Almon Ritchie et de Lillian Stewart. Après avoir terminé ses études à l'Université de King's College, qui lui décerne un baccalauréat ès arts en 1930, il fréquente l'Université d'Oxford et reçoit un autre baccalauréat ès arts en 1932. Il retourne ensuite à Halifax et est admis au barreau en 1934. Après avoir pratiqué le droit pendant quelques années dans le cabinet Stewart, Smith, MacKeen & Rogers, il s'engage dans les forces armées et sert outre-mer pendant la Deuxième Guerre mondiale. De 1941 à 1944, il occupe le poste d'assistant du juge-avocat adjoint dans la Troisième division canadienne. À son retour au Canada, il reprend la pratique du droit à Halifax et aide à fonder le cabinet Daley, Phinney & Ritchie. De plus, il enseigne le droit des assurances à l'Université Dalhousie pendant 12 ans. En 1949 il est retenu comme avocat-conseil auprès de la commission royale sur les conditions de l'union de Terre-Neuve au Canada. Le 5 mai 1959, il est nommé à la Cour suprême du Canada. Il y siège pendant 25 ans avant de prendre sa retraite le 31 octobre 1984. Le juge Ritchie meurt le 5 juin 1988, à l'âge de 77 ans.

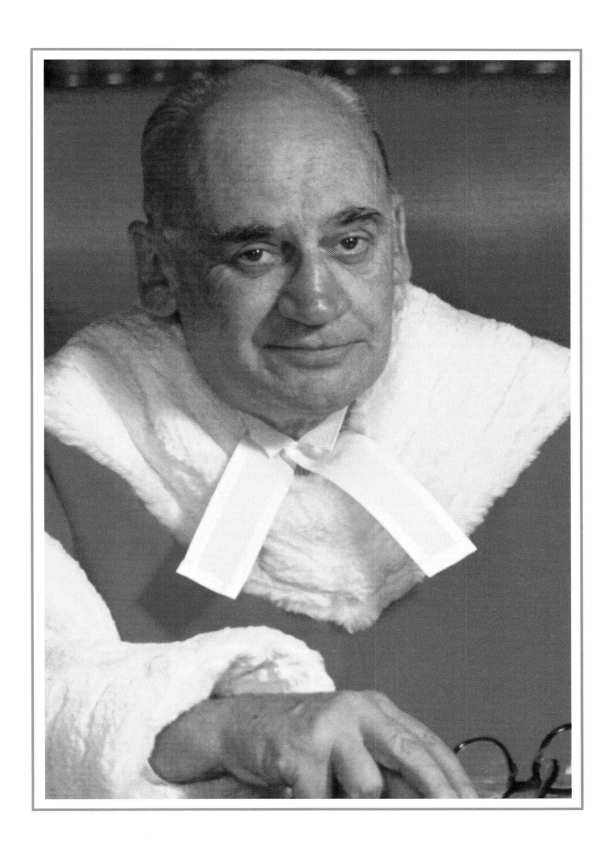

Emmett Matthew Hall

Emmett Matthew Hall was born in Saint-Colomban, Quebec, on November 29, 1898. He was the son of James Hall and Alice Shea. In 1910 his family moved to Saskatoon. While studying law at the University of Saskatchewan, he supported himself by teaching French in local schools. He graduated with an LL.B. in 1919 and was called to the bar three years later. A partner in the law firm of Hall & Maguire, he became president of the Law Society of Saskatchewan in 1952. He also lectured on law at the University of Saskatchewan until 1957, the year he was appointed Chief Justice of the Court of Queen's Bench of Saskatchewan. Four years later, he became Chief Justice of Saskatchewan, and he was subsequently named chairman of the Royal Commission on Health Services, which recommended the creation of a universal health care system. He is therefore known as the father of Canadian medicare. On November 23, 1962, he was appointed to the Supreme Court of Canada. He served on the Court for 10 years and retired on March 1, 1973. Justice Hall died on November 12, 1995, at the age of 96.

Né à Saint-Colomban (Québec) le 29 novembre 1898, Emmett Matthew Hall est le fils de James Hall et d'Alice Shea. Sa famille ayant déménagé à Saskatoon en 1910, il étudie le droit à l'Université de la Saskatchewan, subvenant à ses besoins en enseignant le français dans des écoles de la région. Il reçoit un baccalauréat en droit en 1919 et est admis au barreau trois ans plus tard. Associé du cabinet Hall & Maguire, il est élu président du Barreau de la Saskatchewan en 1952. Il enseigne aussi le droit à l'Université de la Saskatchewan jusqu'en 1957, année où il est nommé juge en chef de la Cour du Banc de la Reine de la Saskatchewan. Devenu juge en chef de la province en 1961, il est nommé peu après président de la Commission royale d'enquête sur les services de santé, qui recommande la mise en place d'un régime universel de soins de santé. Il est donc considéré comme étant le père du régime d'assurance-maladie canadien. Le 23 novembre 1962, il est nommé à la Cour suprême du Canada. Il y siège pendant 10 ans avant de prendre sa retraite le 1er mars 1973. Le juge Hall meurt le 12 novembre 1995, à l'âge de 96 ans.

Wishart Flett Spence

Wishart Flett Spence was born in Toronto, Ontario, on March 9, 1904. He was the son of James Houston Spence and Margaret Hackland. He graduated from the University of Toronto with a B.A. in political science in 1925, then attended Osgoode Hall Law School. Called to the bar in 1928, he pursued his studies at Harvard Law School and obtained an LL.M. in 1929. He practised law in Toronto with Starr, Spence & Hall until 1934 and later with Spence, Shoemaker & Spence. He was also a part-time lecturer at Osgoode Hall until 1946. In 1950 he was appointed to the High Court of Justice of Ontario, and on May 30, 1963, he was elevated to the Supreme Court of Canada. Three years later, he chaired the royal commission investigating the controversial Munsinger espionage case. He served on the Supreme Court for 15 years and retired on December 29, 1978. Justice Spence died on April 16, 1998, at the age of 94.

Né à Toronto (Ontario) le 9 mars 1904, Wishart Flett Spence est le fils de James Houston Spence et de Margaret Hackland. Il étudie à l'Université de Toronto et reçoit un baccalauréat en science politique en 1925 avant de s'inscrire à l'école de droit Osgoode Hall. Admis au barreau en 1928, il décide de faire des études supérieures à l'Université Harvard, où il termine sa maîtrise en droit en 1929. Il pratique le droit à Toronto dans le cabinet Starr, Spence & Hall jusqu'à 1934 puis dans l'étude Spence, Shoemaker & Spence. De plus, il est chargé de cours à temps partiel à Osgoode Hall jusqu'en 1946. Il est nommé à la Haute Cour de justice de l'Ontario en 1950 et à la Cour suprême du Canada le 30 mai 1963. Trois ans plus tard, il dirige la commission royale sur le cas Munsinger, une affaire d'espionnage controversée. Il siège à la Cour suprême pendant 15 ans avant de prendre sa retraite le 29 décembre 1978. Le juge Spence meurt le 16 avril 1998, à l'âge de 94 ans.

Louis-Philippe Pigeon

Louis-Philippe Pigeon was born in Henryville, Quebec, on February 8, 1905. He was the son of Arthur Pigeon and Maria Demers. He studied at Laval University and obtained an LL.L. in 1928. Called to the bar that year, he settled in Quebec City and practised law with St-Laurent, Gagné, Devlin et Taschereau. In 1940 he became Law Clerk of the Quebec Legislature, a position he held for four years before joining the law firm of Germain, Lapointe, Thibaudeau et Roberge. He taught constitutional law part-time at Laval University for 15 years and was chairman of the National Council on the Administration of Justice from 1963 to 1967. He also acted as a legal adviser to the Premier of Quebec, Jean Lesage, from 1960 to 1966. On September 21, 1967, he was appointed to the Supreme Court of Canada. He served on the Court for 12 years and retired on February 8, 1980. Justice Pigeon died on February 23, 1986, at the age of 81.

Né à Henryville (Québec) le 8 février 1905, Louis-Philippe Pigeon est le fils d'Arthur Pigeon et de Maria Demers. Il fait ses études à l'Université Laval et obtient une licence en droit en 1928. Admis au barreau la même année, il s'établit à Québec et débute sa carrière dans le cabinet St-Laurent, Gagné, Devlin et Taschereau. En 1940 il devient secrétaire légiste de l'Assemblée législative du Québec, poste qu'il occupe pendant quatre ans avant de se joindre au cabinet Germain, Lapointe, Thibaudeau et Roberge. Il enseigne le droit constitutionnel à temps partiel à l'Université Laval pendant 15 ans et occupe le poste de président du Conseil national de l'administration de la justice de 1963 à 1967. Il est aussi conseiller juridique auprès du premier ministre du Québec, Jean Lesage, de 1960 à 1966. Nommé à la Cour suprême du Canada le 21 septembre 1967, il y siège pendant 12 ans avant de prendre sa retraite le 8 février 1980. Le juge Pigeon meurt le 23 février 1986, à l'âge de 81 ans.

Jean Beetz

Jean Beetz was born in Montreal, Quebec, on March 27, 1927. He was the son of Jean Beetz and Jeanne Cousineau. He began his university education at the University of Montreal, earning a B.A. in 1947 and an LL.L. in 1950. Awarded a Rhodes Scholarship, he went to Oxford University, where he completed a further B.A. in 1953. He was called to the bar before he left for England, and upon his return in 1953 became an assistant professor at the University of Montreal. One of the first full-time law professors at the university, he taught there for 20 years and from 1968 to 1970 was dean of the faculty. During that period, he also acted as a legal adviser to the federal government and served as special counsel on constitutional affairs to Pierre Elliott Trudeau, then prime minister of Canada. He was appointed to the Quebec Court of Appeal in 1973 and elevated to the Supreme Court of Canada on January 1, 1974. He served on the Supreme Court for 14 years and retired on November 10, 1988. Justice Beetz died on September 30, 1991, at the age of 64.

Né à Montréal (Québec) le 27 mars 1927, Jean Beetz est le fils de Jean Beetz et de Jeanne Cousineau. Après avoir obtenu un baccalauréat ès arts en 1947 et une licence en droit en 1950 à l'Université de Montréal, il reçoit une bourse Rhodes et poursuit ses études à l'Université d'Oxford, où il obtient un baccalauréat ès arts en 1953. Admis au barreau avant son départ pour l'Angleterre, il devient professeur adjoint à l'Université de Montréal à son retour en 1953. Un des premiers professeurs de carrière de l'université, il y enseigne le droit pendant 20 ans en plus d'être, de 1968 à 1970, doyen de la faculté. À la même époque, il est conseiller auprès du gouvernement fédéral ainsi que conseiller spécial sur les affaires constitutionnelles auprès du premier ministre du Canada, Pierre Elliott Trudeau. Il est nommé à la Cour d'appel du Québec en 1973 et à la Cour suprême du Canada le 1er janvier 1974. Il siège à la Cour suprême pendant 14 ans avant de prendre sa retraite le 10 novembre 1988. Le juge Beetz meurt le 30 septembre 1991, à l'âge de 64 ans.

Louis-Philippe de Grandpré

Louis-Philippe de Grandpré was born in Montreal, Quebec, on February 6, 1917. He is the son of Roland de Grandpré and Aline Magnan. He received a classical education at Collège Ste-Marie in Montreal, graduating in 1935, before attending McGill University, where he completed a B.C.L. in 1938. He was called to the bar of Quebec that year and practised law in Montreal, eventually founding the firm of Tansey, de Grandpré et de Grandpré. He lectured occasionally on insurance law at McGill University from 1960 to 1963. He was also president of the bars of Montreal and Quebec in 1968 and 1969, and president of the Canadian Bar Association from 1972 to 1973. On January 1, 1974, he was appointed to the Supreme Court of Canada. Justice de Grandpré served on the Supreme Court for three years, resigning on October 1, 1977.

Né à Montréal (Québec) le 6 février 1917, Louis-Philippe de Grandpré est le fils de Roland de Grandpré et d'Aline Magnan. Il termine son cours classique au Collège Sainte-Marie de Montréal en 1935 avant de poursuivre ses études à l'Université McGill. En 1938 il reçoit son baccalauréat en droit civil et est admis au Barreau du Québec. Il pratique le droit à Montréal et fonde plus tard le cabinet Tansey, de Grandpré et de Grandpré. Il enseigne épisodiquement le droit des assurances à l'Université McGill de 1960 à 1963. De plus, il est bâtonnier du Barreau de Montréal et du Barreau du Québec de 1968 à 1969, et président de l'Association du Barreau canadien de 1972 à 1973. Il est nommé à la Cour suprême du Canada le 1er janvier 1974. Le juge de Grandpré siège à la Cour suprême pendant trois ans avant de démissionner le 1er octobre 1977.

Willard Zebedee Estey

Willard Zebedee Estey was born in Saskatoon, Saskatchewan, on October 10, 1919. He is the son of James Wilfred Estey, a Supreme Court of Canada justice, and Muriel Baldwin. He studied at the University of Saskatchewan, obtaining a B.A. in 1940 and an LL.B. two years later. In 1942 he was called to the bar of Saskatchewan but served with the armed forces during the Second World War rather than practising law. He then went to Harvard Law School and completed an LL.M. in 1946. He taught law at the University of Saskatchewan for a year then was called to the bar of Ontario in 1947 and joined the Toronto firm of Robertson, Fleury & Lane, later named Robertson, Lane, Parrett & Estey. In 1973 he was appointed to the Ontario Court of Appeal and two years later was named Chief Justice of the High Court of Justice of Ontario. He became Chief Justice of Ontario in 1976 and was appointed to the Supreme Court of Canada on September 29, 1977. In 1985 he chaired the Commission of Inquiry into the Collapse of the CCB and Northland Bank. Justice Estey served on the Supreme Court for 10 years and retired on April 22, 1988.

Né à Saskatoon (Saskatchewan) le 10 octobre 1919, Willard Zebedee Estey est le fils de James Wilfred Estey, juge de la Cour suprême du Canada, et de Muriel Baldwin. Il étudie à l'Université de la Saskatchewan et reçoit un baccalauréat ès arts en 1940 et un baccalauréat en droit deux ans plus tard. Admis au barreau de la Saskatchewan en 1942, il ne pratique pas immédiatement le droit mais s'engage dans les forces armées pendant la Deuxième Guerre mondiale. À son retour, il fait des études supérieures à l'Université Harvard et reçoit une maîtrise en droit en 1946. Après avoir enseigné le droit pendant un an à l'Université de la Saskatchewan, il est admis au barreau de l'Ontario en 1947 et se joint à Toronto au cabinet Robertson, Fleury & Lane, qui devient plus tard Robertson, Lane, Parrett & Estey. En 1973 il est nommé à la Cour d'appel de l'Ontario et en 1975 devient juge en chef de la Haute Cour de justice de l'Ontario. L'année suivante, il devient juge en chef de l'Ontario, et le 29 septembre 1977 il est nommé à la Cour suprême du Canada. En 1985 il dirige la Commission d'enquête sur la faillite de la BCC et de la Norbanque. Le juge Estey siège à la Cour suprême pendant 10 ans avant de prendre sa retraite le 22 avril 1988.

Yves Pratte

Yves Pratte was born in Quebec City, Quebec, on March 7, 1925. He was the son of Garon Pratte and Georgine Rivard. After completing an LL.L. at Laval University in 1947, he did graduate work in tax and corporate law at the University of Toronto law school. He was called to the bar of Quebec in 1947 and practised law in Quebec City, where he later founded the firm of Pratte, Tremblay et Dechêne. From 1962 to 1965, he was dean of the Faculty of Law at Laval University, and from 1965 to 1968, he served as special legal counsel to two Quebec premiers, Jean Lesage and Daniel Johnson. He was also a member of the Royal Commission on Security from 1966 to 1968, the year he was named chairman of Air Canada, a position he held for seven years. On October 1, 1977, he was appointed to the Supreme Court of Canada. He served on the Court for one year, resigning on June 30, 1979. Justice Pratte died on June 26, 1988, at the age of 63.

Né à Québec (Québec) le 7 mars 1925, Yves Pratte est le fils de Garon Pratte et de Georgine Rivard. Il obtient une licence en droit de l'Université Laval en 1947 puis fait des études supérieures en droit fiscal et en droit des affaires à la faculté de droit de l'Université de Toronto. Il est admis au Barreau du Québec en 1947 et pratique le droit à Québec, fondant plus tard le cabinet Pratte, Tremblay et Dechêne. De 1962 à 1965, il occupe le poste de doyen de la Faculté de droit de l'Université Laval, et de 1965 à 1968 il est conseiller spécial auprès des premiers ministres du Québec Jean Lesage et Daniel Johnson. Nommé à la Commission royale d'enquête sur la sécurité en 1966, il y siège pendant deux ans. En 1968 il accède à la présidence d'Air Canada, poste qu'il occupe pendant sept ans. Le 1er octobre 1977, il est nommé à la Cour suprême du Canada. Il y siège pendant un an avant de démissionner le 30 juin 1979. Le juge Pratte meurt le 26 juin 1988, à l'âge de 63 ans.

William Rogers McIntyre

William Rogers McIntyre was born in Lachine, Quebec, on March 15, 1918. He is the son of Charles Sidney McIntyre and Pauline May Sifton. When he was young, his family moved to Moose Jaw, Saskatchewan. He studied at King George Public School and the Central Collegiate Institute in Moose Jaw before attending the University of Saskatchewan, from which he graduated with a B.A. in 1939. He enlisted in the armed forces two years later and served overseas in the Second World War. In 1946 he returned to Canada and completed an LL.B. at the University of Saskatchewan. Called to the bars of Saskatchewan and British Columbia the following year, he settled in Victoria and joined the law firm of Whittaker & McIllree. He was appointed to the Supreme Court of British Columbia in 1967 and elevated to the British Columbia Court of Appeal six years later. On January 1, 1979, he was appointed to the Supreme Court of Canada. Justice McIntyre served on the Supreme Court for 10 years and retired on February 15, 1989.

Né à Lachine (Québec) le 15 mars 1918, William Rogers McIntyre est le fils de Charles Sidney McIntyre et de Pauline May Sifton. Sa famille déménage à Moose Jaw (Saskatchewan) quand il est encore jeune. Après ses études à l'école publique King George et au Central Collegiate Institute de Moose Jaw, il fréquente l'Université de la Saskatchewan et obtient un baccalauréat ès arts en 1939. Il s'engage dans les forces armées deux ans plus tard et sert outre-mer pendant la Deuxième Guerre mondiale. En 1946 il rentre au Canada et termine un baccalauréat en droit à l'Université de la Saskatchewan. Admis au Barreau de la Saskatchewan et à celui de la Colombie-Britannique l'année suivante, il s'établit à Victoria et se joint au cabinet Whittaker & McIllree. Il est nommé à la Cour suprême de la Colombie-Britannique en 1967 et à la Cour d'appel de la province six ans plus tard. Le 1er janvier 1979, il est nommé à la Cour suprême du Canada. Le juge McIntyre siège à la Cour suprême pendant 10 ans avant de prendre sa retraite le 15 février 1989.

Julien Chouinard

Julien Chouinard was born in Quebec City, Quebec, on February 4, 1929. He was the son of Joseph Julien Chouinard and Berthe Cloutier. He began his university education at Laval University, obtaining a B.A. in 1948 and an LL.L. in 1951. Awarded a Rhodes Scholarship, he pursued his studies at Oxford University and graduated with a B.A. in 1953. That year, he was called to the bar and joined the law firm of Prévost, Gagné & Flynn in Quebec City. He also taught law at Laval University and in 1965 became Deputy Minister of Justice of Quebec. Three years later, he became Secretary General of the Conseil exécutif du Québec (Executive Council of Quebec), the highest-ranking public servant in the provincial government. Appointed to the Quebec Court of Appeal in 1975, he chaired the Commission of Inquiry into Bilingual Air Traffic Control Services in Quebec from 1976 to 1979. He was appointed to the Supreme Court of Canada on September 24, 1979 and served on the Court for seven years. Justice Chouinard died on February 6, 1987, at the age of 58.

Né à Québec (Québec) le 4 février 1929, Julien Chouinard est le fils de Joseph Julien Chouinard et de Berthe Cloutier. Il fréquente l'Université Laval et reçoit un baccalauréat ès arts en 1948 et une licence en droit en 1951. Boursier Rhodes, il poursuit ses études à l'Université d'Oxford, qui lui décerne un baccalauréat en 1953. Admis au barreau en 1953, il se joint au cabinet Prévost, Gagné & Flynn de Québec. Il enseigne aussi à la Faculté de droit de l'Université Laval et devient en 1965 sous-ministre de la Justice du Québec. Trois ans plus tard, il est nommé secrétaire général du Conseil exécutif du Québec, le plus haut poste de la fonction publique québécoise. Nommé à la Cour d'appel du Québec en 1975, il préside, de 1976 à 1979, la Commission d'enquête sur le bilinguisme dans les services de contrôle de la circulation aérienne au Québec. Il est nommé à la Cour suprême du Canada le 24 septembre 1979 et y siège pendant sept ans. Le juge Chouinard meurt le 6 février 1987, à l'âge de 58 ans.

Bertha Wilson

Bertha Wilson was born in Kirkcaldy, Scotland, on September 18, 1923. She is the daughter of Archibald Wernham and Christina Noble. She attended the University of Aberdeen, Scotland, and graduated with an M.A. in 1944. She continued her education at the Training College for Teachers in Aberdeen, obtaining her diploma in 1945. She married the Reverend John Wilson in December 1945 and they emigrated to Canada in 1949. In 1955 she enrolled at Dalhousie University to study law, and three years later she completed her LL.B. and was called to the bar of Nova Scotia. In 1959 she was called to the bar of Ontario and practised law in Toronto with Osler, Hoskin & Harcourt for 16 years. She was appointed to the Ontario Court of Appeal in 1975 and to the Supreme Court of Canada on March 4, 1982. She was also appointed to the Permanent Court of Arbitration in 1984. Justice Wilson served on the Supreme Court for eight years and retired on January 4, 1991.

Née à Kirkcaldy (Écosse) le 18 septembre 1923, Bertha Wilson est la fille d'Archibald Wernham et de Christina Noble. Elle étudie à l'Université d'Aberdeen (Écosse), et reçoit une maîtrise ès arts en 1944. Elle s'inscrit ensuite au Training College for Teachers d'Aberdeen (Écosse), qui lui décerne un diplôme en 1945. Elle épouse le Révérend John Wilson en décembre 1945, et le couple émigre au Canada en 1949. En 1955, elle s'inscrit la faculté de droit de l'Université Dalhousie; trois ans plus tard, elle obtient un baccalauréat en droit et est admise au barreau de la Nouvelle-Écosse. Admise au barreau de l'Ontario en 1959, elle pratique le droit à Toronto pendant 16 ans dans le cabinet Osler, Hoskin & Harcourt. Elle est nommée à la Cour d'appel de l'Ontario en 1975 et à la Cour suprême du Canada le 4 mars 1982. En 1984 elle accepte une nomination à la Cour permanente d'arbitrage. Le juge Wilson siège à la Cour suprême pendant huit ans avant de prendre sa retraite le 4 janvier 1991.

Gerald Eric Le Dain

Gerald Eric Le Dain was born in Montreal, Quebec, on November 27, 1924. He is the son of Eric George Bryant Le Dain and Antoinette Louise Whithard. In 1943 he went overseas with the armed forces to serve in the Second World War. After returning to Canada in 1946, he enrolled at McGill University and obtained a B.C.L. degree in 1949. That year, he was called to the bar of Quebec. He pursued his studies in France, at the University of Lyon, and became a Docteur de l'Université in 1950. He first practised law with Walker, Martineau, Chauvin, Walker & Allison in Montreal. From 1953 to 1959, and in 1966 and 1967, he taught law at McGill University. He became dean of Osgoode Hall Law School in 1967 and was called to the bar of Ontario the following year. From 1969 to 1973, he chaired the Commission of Inquiry into the Non-Medical Use of Drugs. Two years later, he was appointed to the Federal Court of Appeal and the Court Martial Appeal Court. He was elevated to the Supreme Court of Canada on May 29, 1984. Justice Le Dain served on the Supreme Court for four years and retired on November 30, 1988.

Né à Montréal (Québec) le 27 novembre 1924, Gerald Eric Le Dain est le fils d'Eric George Bryant Le Dain et d'Antoinette Louise Whithard. Pendant la Deuxième Guerre mondiale, il sert outre-mer dans les forces armées à partir de 1943. Après son retour en 1946, il reprend ses études et obtient un baccalauréat en droit civil de l'Université McGill en 1949. La même année, il est admis au Barreau du Québec. Il poursuit ses études en France à l'Université de Lyon, qui en fait un Docteur de l'Université l'année suivante. Sa carrière débute dans le cabinet Walker, Martineau, Chauvin, Walker & Allison de Montréal. Professeur de droit à l'Université McGill de 1953 à 1959, et encore de 1966 à 1967, il devient doyen de l'école de droit Osgoode Hall en 1967 et est admis au barreau de l'Ontario l'année suivante. De 1969 à 1973, il préside la Commission d'enquête sur l'usage des drogues à des fins non médicales. Deux ans plus tard, il est nommé à la Cour d'appel fédérale et à la Cour d'appel de la cour martiale. Il est nommé à la Cour suprême du Canada le 29 mai 1984. Le juge Le Dain siège à la Cour suprême pendant quatre ans avant de prendre sa retraite le 30 novembre 1988.

Gérard Vincent La Forest

Gérard Vincent La Forest was born in Grand Falls, New Brunswick, on April 1, 1926. He is the son of J. Alfred La Forest and Philomène Lajoie. After studying at St. Francis Xavier University, he studied law at the University of New Brunswick. In 1949 he obtained a B.C.L. and was called to the bar of New Brunswick. Awarded a Rhodes Scholarship, he continued his studies at Oxford University, earning a B.A. in 1951. He also completed an LL.M. in 1965 and a J.S.D. in 1966, both at Yale University. Following a short period in private practice, he served in the federal Department of Justice from 1952 to 1955 and then as a legal advisor for a private corporation before embarking on a teaching career. From 1956 to 1968, he taught at the University of New Brunswick, and from 1968 to 1970 he was Dean of Law at the University of Alberta. He returned to government in 1970, serving as Assistant Deputy Attorney General of Canada until 1974. He then became a member of the Law Reform Commission of Canada for five years. In 1981, after teaching for two years at the University of Ottawa, he was appointed to the New Brunswick Court of Appeal. On January 16, 1985, he was appointed to the Supreme Court of Canada. Justice La Forest served on the Supreme Court for 12 years and retired on September 30, 1997.

Né à Grand-Sault (Nouveau-Brunswick) le 1er avril 1926, Gérard Vincent La Forest est le fils de J. Alfred La Forest et de Philomène Lajoie. Après des études à l'Université St. Francis Xavier, il étudie le droit à l'Université du Nouveau-Brunswick. En 1949 il obtient son baccalauréat en droit civil et est admis au Barreau du Nouveau-Brunswick. Boursier Rhodes, il obtient un baccalauréat ès arts en 1951 de l'Université d'Oxford, puis une maîtrise en droit en 1965 et un doctorat en 1966 de l'Université Yale. Après avoir exercé brièvement dans un cabinet d'avocats, il travaille au ministère de la Justice du Canada de 1952 à 1955. Par la suite, il devient conseiller juridique auprès d'une société privée avant d'entamer une carrière d'enseignant. De 1956 à 1968, il enseigne à l'Université du Nouveau-Brunswick, et de 1968 à 1970 il est doyen de la Faculté de droit de l'Université de l'Alberta. En 1970, il réintègre la fonction publique fédérale à titre de sous-procureur général adjoint du Canada, poste qu'il occupe jusqu'en 1974. Nommé ensuite à la Commission de réforme du droit du Canada, il y siège pendant cinq ans. En 1981, après avoir enseigné pendant deux ans à l'Université d'Ottawa, il est nommé à la Cour d'appel du Nouveau-Brunswick. Le 16 janvier 1985, il est nommé à la Cour suprême du Canada. Le juge La Forest siège à la Cour suprême pendant 12 ans avant de prendre sa retraite le 30 septembre 1997.

Claire L'Heureux-Dubé

Claire L'Heureux-Dubé was born in Quebec City, Quebec, on September 7, 1927. She is the daughter of Paul L'Heureux and Marguerite Dion. She graduated from Laval University with an LL.L. in 1951. Called to the bar the following year, she practised law in Quebec City with Bard, L'Heureux & Philippon for 21 years. From 1972 to 1976 she was vice-president of the Vanier Institute of the Family and chairwoman of the Committee on the Law of Persons and Family and of the Committee on the Family Court of the Quebec Civil Code Revision Office. From 1973 to 1976, she chaired a commission of inquiry on immigration. In 1973 she was appointed to the Superior Court of Quebec, and, six years later, to the Quebec Court of Appeal. She was also president of the Canadian Section of the International Commission of Jurists from 1981 to 1983 and vice-president of the International Society on Family Law from 1982 to 1988. Since 1998, she has been president of the International Commission of Jurists. Justice L'Heureux-Dubé has been a member of the Supreme Court of Canada since April 15, 1987.

Née à Québec (Québec) le 7 septembre 1927, Claire L'Heureux-Dubé est la fille de Paul L'Heureux et de Marguerite Dion. Elle fait ses études à l'Université Laval et reçoit une licence en droit en 1951. Admise au barreau l'année suivante, elle pratique le droit à Québec dans le cabinet Bard, L'Heureux & Philippon pendant 21 ans. De 1972 à 1976, elle est tour à tour vice-présidente de l'Institut Vanier de la famille et présidente du Comité du droit des personnes et de la famille et du Comité du tribunal de la famille de l'Office de révision du Code civil du Québec. De 1973 à 1976, elle préside une commission d'enquête sur l'immigration. Elle est nommée à la Cour supérieure du Québec en 1973 et à la Cour d'appel du Québec six ans plus tard. De plus, elle est présidente de la Section canadienne de la Commission internationale des juristes de 1981 à 1983 et vice-présidente de la Société internationale du droit de la famille de 1982 à 1988. Depuis 1998, elle est présidente de la Commission internationale des juristes. Le juge L'Heureux-Dubé siège à la Cour suprême du Canada depuis le 15 avril 1987.

John Sopinka

John Sopinka was born in Broderick, Saskatchewan, on March 19, 1933. He was the son of Metro Sopinka and Nancy Kikcio. In 1941 his family moved to Hamilton, Ontario. He studied at the University of Toronto, earning a B.A. in 1955 and an LL.B. three years later. From 1955 to 1958, while working on his law degree, he played professional football with the Toronto Argonauts and Montreal Alouettes of the Canadian Football League. He was called to the bar of Ontario in 1960, and was later called to the bars of four other provinces and two territories. He practised law in Toronto for 28 years, first with Fasken & Calvin and then with Stikeman, Elliott. During that time, he also lectured on law at both Osgoode Hall Law School and the University of Toronto. He is the author of several legal works, including *The Trial of an Action*, and co-author of *The Law of Evidence in Canada*. Appointed to the Supreme Court of Canada on May 24, 1988, he served on the Court for nine years. Justice Sopinka died on November 24, 1997, at the age of 64.

Né à Broderick (Saskatchewan) le 19 mars 1933, John Sopinka est le fils de Metro Sopinka et de Nancy Kikcio. Sa famille déménage à Hamilton (Ontario) en 1941. Il fait ses études universitaires à l'Université de Toronto, qui lui décerne un baccalauréat ès arts en 1955 et un baccalauréat en droit trois ans plus tard. Pendant qu'il fait ses études de droit, de 1955 à 1958, il joue au football professionnel avec les Argonauts de Toronto et les Alouettes de Montréal de la Ligue canadienne de football. Il est admis au barreau de l'Ontario en 1960, et plus tard à celui de quatre autres provinces et de deux territoires. Il s'établit à Toronto et y pratique le droit pendant 28 ans dans les cabinets Fasken & Calvin puis Stikeman, Elliott. Chargé de cours à l'école de droit Osgoode Hall et à l'Université de Toronto, il est l'auteur de plusieurs ouvrages juridiques, dont *The Trial of an Action*, et co-auteur de *The Law of Evidence in Canada*. Nommé à la Cour suprême du Canada le 24 mai 1988, il y siège pendant neuf ans. Le juge Sopinka meurt le 24 novembre 1997, à l'âge de 64 ans.

Charles Doherty Gonthier

Charles Doherty Gonthier was born in Montreal, Quebec, on August 1, 1928. He is the son of Georges Gonthier and Kathleen Doherty. He attended École Garneau in Ottawa and Collège Stanislas in Montreal before studying law at McGill University, obtaining a B.C.L. in 1951. In 1952 he was called to the bar and began practising law in Montreal with Hackett, Mulvena & Laverty. A few years later, he joined the firm of Hugessen, Macklaier, Chisholm, Smith & Davis. From 1961 to 1962, he was president of the Montreal Junior Bar Association, and from 1961 to 1962, president of the Young Lawyers' Conference of the Canadian Bar Association. From 1959 to 1969, he was on the board of the Montreal Legal Aid Bureau, and from 1969 to 1972 was a member of the Committee on Building Contracts of the Quebec Civil Code Revision Office. In 1974 he was appointed to the Superior Court of Quebec. He became president of the Canadian Institute for the Administration of Justice in 1986 and of the Canadian Judges Conference in 1988, the year he was elevated to the Quebec Court of Appeal. Justice Gonthier has been a member of the Supreme Court of Canada since February 1, 1989.

Né à Montréal (Québec) le 1er août 1928, Charles Doherty Gonthier est le fils de Georges Gonthier et de Kathleen Doherty. Il fait d'abord des études à l'École Garneau à Ottawa, puis au Collège Stanislas de Montréal. Diplômé de l'Université McGill, qui lui décerne un baccalauréat en droit civil en 1951, il est admis au barreau en 1952. Il se joint au cabinet montréalais Hackett, Mulvena & Laverty et quelques années plus tard au cabinet Hugessen, Macklaier, Chisholm, Smith & Davis. De 1960 à 1961, il est président du Jeune Barreau de Montréal, et de 1961 à 1962, président de la section des jeunes avocats du Barreau canadien. De 1959 à 1969, il est membre du conseil du Bureau d'aide juridique de Montréal, et de 1969 à 1972, il participe en tant que membre du Comité du droit du contrat d'entreprise aux travaux de l'Office de révision du Code civil. En 1974 il est nommé à la Cour supérieure du Québec. Il devient président de l'Institut canadien d'administration de la justice en 1986 et de la Conférence canadienne des juges en 1988, année où il est nommé à la Cour d'appel du Québec. Le juge Gonthier siège à la Cour suprême du Canada depuis le 1er février 1989.

Peter deCarteret Cory

Peter deCarteret Cory was born in Windsor, Ontario, on October 25, 1925. He is the son of Andrew Cory and Mildred Beresford Howe. At the age of 18, he began serving overseas as a bomber pilot in the Royal Canadian Air Force during the Second World War. He returned to Canada in 1945 and continued his education. After graduating from the University of Western Ontario with a B.A. in 1947, he attended Osgoode Hall Law School and was called to the bar in 1950. He practised law in Toronto for 24 years, later joining the firm of Holden, Murdoch. He was elected Bencher of the Law Society of Upper Canada in 1971, and served as president of the Advocates' Society and national director of the Canadian Bar Association. In 1974 he was appointed to the High Court of Justice of Ontario, and in 1981 he was elevated to the Ontario Court of Appeal. On February 1, 1989, he was appointed to the Supreme Court of Canada. Justice Cory served on the Supreme Court for 10 years and retired on June 1, 1999.

Né à Windsor (Ontario) le 25 octobre 1925, Peter deCarteret Cory est le fils d'Andrew Cory et de Mildred Beresford Howe. À l'âge de 18 ans, il accepte ses premières missions outre-mer en tant que pilote de bombardier dans l'Aviation royale du Canada pendant la Deuxième Guerre mondiale. À son retour en 1945, il poursuit ses études. Après avoir obtenu un baccalauréat ès arts de l'Université Western Ontario en 1947, il fréquente l'école de droit Osgoode Hall et est admis au barreau en 1950. Il s'établit à Toronto, où il pratique le droit pendant 24 ans, devenant plus tard membre du cabinet Holden, Murdoch. Il est élu conseiller de la Société du barreau du Haut-Canada en 1971 et est président de l'Advocates' Society et directeur national de l'Association du Barreau canadien. Il est nommé à la Haute Cour de justice de l'Ontario en 1974 et à la Cour d'appel de l'Ontario sept ans plus tard. Le 1er février 1989, il est nommé à la Cour suprême du Canada. Le juge Cory siège à la Cour suprême pendant 10 ans avant de prendre sa retraite le 1er juin 1999.

William Stevenson

William Stevenson was born in Edmonton, Alberta, on May 7, 1934. He is the son of Alexander Lindsay Stevenson and Eileen Harriet Burns. He studied at the University of Alberta, obtaining a B.A. in 1956 and an LL.B. the following year. Called to the bar in 1958, he joined the law firm of Morrow, Morrow & Reynolds in Edmonton. In 1959 he was counsel on the last case from Canada to be appealed to the Judicial Committee of the Privy Council in London, England. He became a lecturer at the University of Alberta in 1963 and a full-time professor of law five years later. In 1970 he returned to private practice but continued to lecture on law. He is the author of many legal texts and a founding editor of the *Alberta Law Review*. He was appointed to the District Court of Alberta in 1975 and to the Court of Queen's Bench of Alberta in 1979. A year later, he was appointed to the Alberta Court of Appeal, and on September 17, 1990, he was elevated to the Supreme Court of Canada. Justice Stevenson served on the Supreme Court for nearly two years before retiring on June 5, 1992.

Né à Edmonton (Alberta) le 7 mai 1934, William Stevenson est le fils d'Alexander Lindsay Stevenson et d'Eileen Harriet Burns. Il fait ses études à l'Université de l'Alberta, et obtient un baccalauréat ès arts en 1956 et un baccalauréat en droit l'année suivante. Admis au barreau en 1958, il se joint au cabinet Morrow, Morrow & Reynolds d'Edmonton. En 1959 il est un des avocats qui travaillent sur le dernier dossier canadien à être présenté en appel au Comité judiciaire du Conseil privé à Londres. Il devient chargé de cours en droit à l'Université de l'Alberta en 1963 et professeur cinq ans plus tard. En 1970 il reprend la pratique du droit mais demeure chargé de cours. Il est l'auteur de nombreux écrits juridiques et un des directeurs-fondateurs de l'*Alberta Law Review*. Il est nommé à la Cour de district de l'Alberta en 1975 et à la Cour du Banc de la Reine de l'Alberta quatre ans plus tard. En 1980 il devient juge de la Cour d'appel de l'Alberta, et le 17 septembre 1990 il est nommé à la Cour suprême du Canada. Le juge Stevenson siège à la Cour suprême pendant près de deux ans avant de prendre sa retraite le 5 juin 1992.

Frank Iacobucci

Frank Iacobucci was born in Vancouver, British Columbia, on June 29, 1937, the son of Gabriel Iacobucci and Rosina Pirillo. After studying at the University of British Columbia, where he earned a B.Com. in 1959 and an LL.B. in 1962, he attended Cambridge University, completing an LL.M. in 1964 and a Diploma in International Law in 1966. From 1964 to 1967 he practised private law with the New York City firm of Dewey, Ballantine, Bushby, Palmer & Wood. In 1967 he returned to Canada to teach at the law school of the University of Toronto; he became a full professor after three years and remained at the University until 1985. During that period he held several administrative positions, including Dean of the law school and Vice-President and Provost of the University. In 1985 he was appointed Deputy Minister of Justice and Deputy Attorney General of Canada; three years later he became Chief Justice of the Federal Court of Canada. Justice Iacobucci has been a member of the Supreme Court of Canada since January 7, 1991, and was appointed to the Permanent Court of Arbitration in 1997. He is the author of many books and articles and has worked with a wide variety of educational, legal and community organizations.

Né à Vancouver (Colombie-Britannique) le 29 juin 1937, Frank Iacobucci est le fils de Gabriel Iacobucci et de Rosina Pirillo. Il fait ses études à l'Université de la Colombie-Britannique, où il obtient un baccalauréat en sciences commerciales en 1959 et un baccalauréat en droit en 1962, puis à l'Université de Cambridge, où il obtient une maîtrise en droit en 1964 et un diplôme en droit international en 1966. De 1964 à 1967, il exerce le droit à New York, au cabinet Dewey, Ballantine, Bushby, Palmer & Wood. Il retourne au Canada en 1967 pour enseigner le droit à l'Université de Toronto, où il devient professeur titulaire au bout de trois ans et occupe divers postes administratifs, dont ceux de doyen de l'école de droit et de vice-président de l'Université. En 1985 il devient sous-ministre de la Justice et sous-procureur général du Canada. Il est nommé juge en chef de la Cour fédérale du Canada trois ans plus tard. Le juge Iacobucci siège à la Cour suprême du Canada depuis le 7 janvier 1991, et il siège à la Cour permanente d'arbitrage depuis 1997. Auteur de maints ouvrages et articles, il oeuvre dans le cadre de plusieurs organisations éducatives, juridiques et communautaires.

John Charles Major

John Charles Major was born in Mattawa, Ontario, on February 20, 1931. He is the son of William Major and Elsie Thompson. After completing a B.Com. at Loyola College (Concordia University) in 1953, he studied law at the University of Toronto, obtaining an LL.B. in 1957. He moved to Calgary and practised law there with the firm of Bennett, Jones, Verchere after being called to the bar of Alberta in 1958. He served as counsel for the McDonald Commission on the RCMP from 1978 to 1982, and for the Estey Commission in 1985 and 1986. In 1987 he was senior counsel for the Province of Alberta at the Code Inquiry into the collapse of the Principal Group of Companies, and four years later he was appointed to the Alberta Court of Appeal. Justice Major has been a member of the Supreme Court of Canada since November 13, 1992.

Né à Mattawa (Ontario) le 20 février 1931, John Charles Major est le fils de William Major et d'Elsie Thompson. Après avoir terminé ses études au Collège Loyola (Université Concordia), qui lui décerne un baccalauréat en sciences commerciales en 1953, il fréquente l'Université de Toronto et obtient un baccalauréat en droit en 1957. Il déménage ensuite à Calgary et pratique le droit dans le cabinet Bennett, Jones, Verchere après avoir été admis au Barreau de l'Alberta en 1958. Il est avocat auprès de la Commission McDonald sur la GRC de 1978 à 1982 et auprès de la Commission Estey en 1985 et 1986. En 1987 il est l'avocat principal de la province de l'Alberta lors de l'enquête Code sur la faillite du Principal Group of Companies, et quatre ans plus tard il est nommé à la Cour d'appel de l'Alberta. Le juge Major siège à la Cour suprême du Canada depuis le 13 novembre 1992.

Michel Bastarache

Michel Bastarache was born in Quebec City, Quebec, on June 10, 1947. He is the son of Alfred Bastarache and Madeleine Claveau. Raised in New Brunswick, he completed a B.A. at the University of Moncton in 1967 before attending the University of Montreal, from which he obtained an LL.L. in 1970. He pursued his education in France, receiving a graduate degree in public law from the University of Nice in 1972. After completing an LL.B. at the University of Ottawa in 1978, he joined the Law School at the University of Moncton, eventually becoming Dean of Law, a position he held until 1983. He was also associate dean of the Common Law Section of the Faculty of Law at the University of Ottawa from 1984 to 1987. He has been called to the bars of New Brunswick, Alberta and Ontario and has practised law in Ottawa and Moncton. He has published many works on law, including *Language Rights in Canada*. In 1989 he became president of an insurance company, Assumption Life, a position he held for five years. He was appointed to the New Brunswick Court of Appeal in 1995. Justice Bastarache has been a member of the Supreme Court of Canada since September 30, 1997.

Né à Québec (Québec) le 10 juin 1947, Michel Bastarache est le fils d'Alfred Bastarache et de Madeleine Claveau. Élevé au Nouveau-Brunswick, il obtient un baccalauréat ès arts à l'Université de Moncton en 1967 avant de fréquenter l'Université de Montréal, qui lui décerne une licence en droit en 1970. Il se rend ensuite en France et obtient un diplôme d'études supérieures en droit public de l'Université de Nice en 1972. En 1978, après avoir terminé un baccalauréat en droit à l'Université d'Ottawa, il devient professeur à l'école de droit de l'Université de Moncton et plus tard doyen de la faculté, poste qu'il occupe jusqu'en 1983. Il est aussi doyen associé de la Section de common law de la Faculté de droit de l'Université d'Ottawa de 1984 à 1987. Membre des barreaux du Nouveau-Brunswick, de l'Alberta et de l'Ontario, il a pratiqué le droit à Ottawa et à Moncton. Il est l'auteur de plusieurs ouvrages juridiques, y compris *Les droits linguistiques au Canada*. En 1989 il devient président de la compagnie d'assurance Assomption-Vie, poste qu'il occupe pendant cinq ans. Il est nommé à la Cour d'appel du Nouveau-Brunswick en 1995. Le juge Bastarache siège à la Cour suprême du Canada depuis le 30 septembre 1997.

William Ian Corneil Binnie

William Ian Corneil Binnie was born in Montreal, Quebec, on April 14, 1939. He is the son of James Corneil Binnie and Phyllis Mackenzie. He received a B.A. from McGill University in 1960, an LL.B. in 1963 and subsequently an LL.M. from Cambridge University, and an LL.B. from the University of Toronto in 1965. He was called to the English bar in 1966, to the bar of Ontario in 1967 and to that of the Yukon Territory in 1986, in addition to occasional calls to several provincial bars. In Toronto, he practised law for 25 years with Wright & McTaggart and then McCarthy Tétrault. At the international level, he has served as legal adviser to the Government of Tanzania in 1970 and 1971, and counsel for Canada before the International Court of Justice in 1984 and the International Court of Arbitration in 1991. From 1976 to 1979, he was a part-time lecturer at Osgoode Hall Law School. From 1982 to 1986, he was Associate Deputy Minister of Justice, and from 1987 to 1990, while in private practice, a legal adviser to federal parliamentary committees on the Meech Lake Constitutional Accord. Justice Binnie has been a member of the Supreme Court of Canada since January 8, 1998.

Né à Montréal (Québec) le 14 avril 1939, William Ian Corneil Binnie est le fils de James Corneil Binnie et de Phyllis Mackenzie. Il obtient un baccalauréat ès arts de l'Université McGill en 1960, un baccalauréat en droit en 1963 et ensuite une maîtrise en droit de l'Université de Cambridge, ainsi qu'un baccalauréat en droit de l'Université de Toronto en 1965. Il est admis au barreau de l'Angleterre en 1966, à celui de l'Ontario en 1967 et à celui du Yukon en 1986, en plus d'être membre temporaire de plusieurs barreaux provinciaux. Pendant 25 ans, il pratique le droit à Toronto dans les cabinets Wright & McTaggart puis McCarthy Tétrault. Sur le plan international, il est conseiller juridique auprès du gouvernement de la Tanzanie en 1970 et 1971, et avocat-conseil du Canada devant la Cour internationale de justice en 1984 et la Cour internationale d'arbitrage en 1991. De 1976 à 1979, il est chargé de cours à temps partiel à l'école de droit Osgoode Hall. De 1982 à 1986, il est sous-ministre délégué de la Justice, et de 1987 à 1990, ayant réintégré la pratique privée, il est conseiller auprès de comités parlementaires fédéraux chargés d'étudier l'Accord constitutionnel du lac Meech. Le juge Binnie siège à la Cour suprême du Canada depuis le 8 janvier 1998.

Louise Arbour

Louise Arbour was born in Montreal, Quebec, on February 10, 1947. She is the daughter of Bernard Arbour and Rose Ravary. She graduated from the University of Montreal, earning a B.A. in 1967 and an LL.L. in 1970. Called to the bar of Quebec in 1971, she worked as a law clerk for Justice Louis-Philippe Pigeon at the Supreme Court of Canada until 1972. Two years later, she moved to Toronto to accept a position at Osgoode Hall Law School, where she taught for 13 years (becoming associate dean in 1987). She was called to the bar of Ontario in 1977. From 1985 to 1987, she was vice-president of the Canadian Civil Liberties Association. She was appointed to the High Court of Justice of Ontario in 1987 and elevated to the Ontario Court of Appeal three years later. In 1995 she chaired the Commission of Inquiry into Certain Events at the Prison for Women in Kingston. The following year, she became Prosecutor for the International Criminal Tribunal for Rwanda and the International Criminal Tribunal for the Former Yugoslavia, a position she held until 1999. Justice Arbour has been a member of the Supreme Court of Canada since September 15, 1999.

Née à Montréal (Québec) le 10 février 1947, Louise Arbour est la fille de Bernard Arbour et de Rose Ravary. Elle fréquente l'Université de Montréal et y obtient un baccalauréat ès arts en 1967 et une licence en droit en 1970. Admise au Barreau du Québec en 1971, elle travaille comme clerc auprès du juge Louis-Philippe Pigeon de la Cour suprême du Canada jusqu'en 1972. Elle déménage à Toronto en 1974 pour accepter un poste à l'école de droit Osgoode Hall, où elle enseigne pendant treize ans (devenant vice-doyenne en 1987). En 1977 elle est admise au barreau de l'Ontario. De 1985 à 1987, elle est vice-présidente de l'Association canadienne des libertés civiles. Elle est nommée à la Haute Cour de justice de l'Ontario en 1987 et à la Cour d'appel de l'Ontario trois ans plus tard. En 1995 elle préside la Commission d'enquête sur certains événements survenus à la prison pour femmes de Kingston. L'année suivante, elle devient procureure auprès du Tribunal pénal international pour le Rwanda et du Tribunal pénal international pour l'ex-Yougoslavie, poste qu'elle occupe jusqu'en 1999. Le juge Arbour siège à la Cour suprême du Canada depuis le 15 septembre 1999.

Louis LeBel

Louis LeBel was born in Quebec City, Quebec, on November 30, 1939. He is the son of Paul LeBel and Marguerite Sasseville. He completed a B.A. at the Collège des Jésuites in Quebec City in 1958 before studying law at Laval University, earning an LL.L. in 1961. The following year, he was called to the bar of Quebec. He pursued graduate studies in law at Laval and obtained a degree in private law in 1965. In 1966 he received an LL.M. from the University of Toronto. From 1963 to 1984, he practised law in Quebec City, thirteen of those years with Grondin, LeBel, Poudrier, Isabel, Morin & Gagnon. He is the author of various legal studies and articles, and the co-author of *Le droit du travail en vigueur au Québec*. From 1973 to 1975, he was a member of the board of directors of the Corporation du Centre communautaire juridique de Québec. In 1976 he became a member of the editorial board of the *Revue du Barreau*, and he chaired the board from 1979 to 1982. He was also president of the bar of Quebec in 1983 and 1984. On June 28, 1984, he was appointed to the Quebec Court of Appeal. Justice LeBel has been a member of the Supreme Court of Canada since January 7, 2000.

Né à Québec (Québec) le 30 novembre 1939, Louis LeBel est le fils de Paul LeBel et de Marguerite Sasseville. Il obtient un baccalauréat ès arts au Collège des Jésuites de Québec en 1958 avant d'étudier le droit à l'Université Laval, qui lui octroie une licence en droit en 1961. En 1962 il est admis au Barreau du Québec. Trois ans plus tard, il obtient un diplôme d'études supérieures en droit privé à l'Université Laval, puis il fréquente l'Université de Toronto et reçoit une maîtrise en droit en 1966. De 1963 à 1984, il pratique le droit à Québec, étant associé au cabinet Grondin, LeBel, Poudrier, Isabel, Morin & Gagnon pendant treize ans. Il est auteur de divers articles et études juridiques et co-auteur de l'ouvrage intitulé *Le droit du travail en vigueur au Québec*. De 1973 à 1975, il est membre du conseil d'administration de la Corporation du Centre communautaire juridique de Québec. En 1976 il devient membre du comité de rédaction de la *Revue du Barreau*, et il préside celui-ci de 1979 à 1982. Il est aussi bâtonnier du Québec en 1983 et 1984. Le 28 juin 1984, il est nommé à la Cour d'appel du Québec. Le juge LeBel siège à la Cour suprême du Canada depuis le 7 janvier 2000.

Succession of the Justices

Ordre de nomination des juges

Name / Nom	Puisne Justice / Juge puîné	Chief Justice / Juge en chef
Sir William Buell Richards		**1875-1879**
Sir William Johnstone Ritchie	1875-1879	**1879-1892**
Sir Samuel Henry Strong	1875-1892	**1892-1902**
Jean-Thomas Taschereau	1875-1878	
Télesphore Fournier	1875-1895	
William Alexander Henry	1875-1888	
Sir Henri-Elzéar Taschereau	1878-1902	**1902-1906**
John Wellington Gwynne	1879-1902	
Christopher Salmon Patterson	1888-1893	
Robert Sedgewick	1893-1906	
George Edwin King	1893-1901	
Désiré Girouard	1895-1911	
Sir Louis Henry Davies	1901-1918	**1918-1924**
David Mills	1902-1903	
John Douglas Armour	1902-1903	
Wallace Nesbitt	1903-1905	
Albert Clements Killam	1903-1905	
John Idington	1905-1927	
James Maclennan	1905-1909	
Sir Charles Fitzpatrick		**1906-1918**
Sir Lyman Poore Duff	1906-1933	**1933-1944**
Francis Alexander Anglin	1909-1924	**1924-1933**
Louis-Philippe Brodeur	1911-1923	
Pierre-Basile Mignault	1918-1929	
Arthur Cyrille Albert Malouin	1924-1924	
Edmund Leslie Newcombe	1924-1931	
Thibaudeau Rinfret	1924-1944	**1944-1954**
John Henderson Lamont	1927-1936	
Robert Smith	1927-1933	
Lawrence Arthur Dumoulin Cannon	1930-1939	
Oswald Smith Crocket	1932-1943	
Frank Joseph Hughes	1933-1935	
Henry Hague Davis	1935-1944	
Patrick Kerwin	1935-1954	**1954-1963**

Name / Nom	Puisne Justice / Juge puîné	Chief Justice / Juge en chef
Albert Blellock Hudson	1936-1947	
Robert Taschereau	1940-1963	**1963-1967**
Ivan Cleveland Rand	1943-1959	
Roy Lindsay Kellock	1944-1958	
James Wilfred Estey	1944-1956	
Charles Holland Locke	1947-1962	
John Robert Cartwright	1949-1967	**1967-1970**
Joseph Honoré Gérald Fauteux	1949-1970	**1970-1973**
Douglas Charles Abbott	1954-1973	
Henry Grattan Nolan	1956-1957	
Ronald Martland	1958-1982	
Wilfred Judson	1958-1997	
Roland Almon Ritchie	1959-1984	
Emmett Matthew Hall	1962-1973	
Wishart Flett Spence	1963-1978	
Louis-Philippe Pigeon	1967-1980	
Bora Laskin	1970-1973	**1973-1984**
Robert George Brian Dickson	1973-1984	**1984-1990**
Jean Beetz	1974-1988	
Louis-Philippe de Grandpré	1974-1997	
Willard Zebedee Estey	1977-1988	
Yves Pratte	1977-1979	
William Rogers McIntyre	1979-1989	
Julien Chouinard	1979-1987	
Antonio Lamer	1980-1990	**1990-2000**
Bertha Wilson	1982-1991	
Gerald Eric Le Dain	1984-1988	
Gérard Vincent La Forest	1985-1997	
Claire L'Heureux-Dubé	1987-	
John Sopinka	1988-1997	
Charles Doherty Gonthier	1989-	
Peter deCarteret Cory	1989-1999	
Beverley McLachlin	1989-2000	**2000-**
William Stevenson	1990-1992	
Frank Iacobucci	1991-	
John Charles Major	1992-	
Michel Bastarache	1997-	
William Ian Corneil Binnie	1998-	
Louise Arbour	1999-	
Louis LeBel	2000-	

Architecture

L'architecture

It is fitting that on these heights above the Ottawa — surely one of the noblest situations in the world — you should add to the imposing group of buildings which house your Parliament and the executive branch of government, a worthy home for your Supreme Court. Henceforth, on these river-side cliffs, there will stand in this beautiful Capital, a group of public buildings unsurpassed as a symbol of the free and democratic institutions which are our greatest heritage.

Her Majesty Queen Elizabeth upon laying of the cornerstone, May 20, 1939

Il convient que sur ces hauteurs dominant l'Outaouais — assurément l'un des plus nobles sites du monde — vous ajoutiez, au groupe imposant d'édifices qui abritent votre Parlement et l'exécutif de votre gouvernement, un immeuble digne de votre Cour suprême. Désormais, sur cette rive escarpée s'élèvera, dans cette magnifique capitale, un ensemble d'édifices publics sans égal comme symbole des institutions libres et démocratiques qui constituent notre plus grand héritage.

Sa Majesté la Reine Elizabeth lors de la pose de la pierre angulaire, le 20 mai 1939

Play of light in the main hall   Effets de lumière dans le hall d'honneur

The Supreme Court Building

L'édifice de la Cour suprême

Isabelle Gournay, Professor, University of Maryland and
France Vanlaethem, Professor, Université du Québec à Montréal

Isabelle Gournay, professeure, Université du Maryland et
France Vanlaethem, professeure, Université du Québec à Montréal

Austere on the outside, luxurious on the inside, the Supreme Court is, next to Parliament, the most important federal government building on the banks of the Ottawa River. Built in the late 1930s, it represents an important and original contribution to North American public architecture by one of the most outstanding Canadian architects of the first half of the twentieth century. In this project, Ernest Cormier succeeded in expressing the dignity of the highest court in the land and synthesizing two artistic movements: the picturesque, which originated in England and was official and nationalistic, and modernized classicism, which was more universal and derived from the French rationalist tradition.

A New Building in the Heart of the Nation's Capital

The plan to build new facilities for the Supreme Court dates from the beginning of the twentieth century. It was part of a series of ambitious architectural projects for Parliament Hill and the city of Ottawa designed to create a capital reflective of Canada's economic importance and international profile. Various projects were developed by the Chief Architect's Branch of the Department of Public Works, established in 1870,[1] or at the request of the Ottawa Improvement Commission, a federal agency set up in 1899 to fulfill Wilfrid Laurier's promise of making Ottawa the "Washington of the North."[2]

Canada's highest court was first housed in the Centre Block.[3] In 1881, it moved into a building that had served as a workshop during the construction of the Parliament buildings. Those modest quarters quickly became unsuitable, and there were repeated complaints from justices and lawyers.[4] In 1903, landscape architect

Sévère à l'extérieur, somptueux à l'intérieur, l'édifice de la Cour suprême du Canada est le bâtiment le plus important, après le Parlement, dans l'ensemble établi par le gouvernement fédéral sur les rives de l'Outaouais. Construit à la fin des années 1930, il représente une contribution importante et originale à l'architecture publique nord-américaine de la part d'un des plus grands architectes canadiens de la première moitié du XXe siècle. Dans ce projet, Ernest Cormier a réussi à manifester la dignité de la plus haute cour de justice du pays et à synthétiser deux courants artistiques : l'un officiel et nationaliste, le pittoresque, qui trouve son origine en Angleterre; l'autre plus universel, le classicisme modernisé, qui s'inscrit dans la tradition rationaliste française.

Un nouvel édifice, au cœur de la capitale nationale

L'intention de construire de nouvelles installations pour la Cour suprême remonte au début du XXe siècle. Elle s'inscrit dans une suite d'ambitieux projets architecturaux dessinés pour la Colline du Parlement et la ville d'Ottawa afin de donner au Canada une capitale digne de son importance économique et de son rayonnement international. Diverses propositions sont élaborées par le Bureau de l'Architecte en chef, un service du ministère des Travaux publics créé en 1870[1], ou à la demande de la Commission d'amélioration d'Ottawa, une instance fédérale dont la création en 1899 fait suite à la promesse de faire d'Ottawa la « Washington du Nord »[2].

Depuis 1881, la plus haute cour de justice du pays occupe un ancien atelier datant du chantier du Parlement, après avoir été logée dans divers locaux de l'édifice du Centre[3]. Ce modeste bâtiment s'avère rapidement inadapté,

195

Torchere designed by Cormier
and the Confederation Building
in the background

Torchère dessinée par Cormier
et l'édifice de la Confédération
à l'arrière-plan

Frederick Todd prepared a report for the Ottawa Improvement Commission.[5] To fulfill the urban vision outlined in that report, a national competition was held in 1906 to select architects for two new government buildings, one of which was the Supreme Court.

Initially, the buildings were to be located along Sussex Drive, but in 1911 a site to the west was chosen. After consulting Todd,[6] the Department of Public Works asked Edward White, an English landscape architect, to draft the master plan for the property acquired on the north side of Wellington Street. The proposals submitted differed from a stylistic point of view, but White and Todd agreed on the location of the Court. It was to be set back from the street on the edge of a cliff overlooking the river, like the Parliament buildings, and to have a large open space in front framed by government buildings.[7]

The idea of modelling public architecture on the Parliament buildings, one that Todd had supported since 1903, remained popular.[8] With this in mind, in 1913,

comme en témoignent les plaintes répétées des juges et des membres du barreau[4]. Dès 1906, la Cour suprême est mise au programme du concours d'architecture national lancé en vue de la construction de deux nouveaux immeubles gouvernementaux, une épreuve qui concrétise la vision urbaine contenue dans un premier rapport établi par l'architecte paysagiste Frederick Todd en 1903, à la demande de la Commission d'amélioration d'Ottawa[5].

D'abord envisagée à l'est, le long de la rue Sussex, l'extension de l'ensemble gouvernemental est réorientée vers l'ouest en 1911. Pour tracer le plan d'occupation des terrains récemment acquis au nord de la rue Wellington, le ministère des Travaux publics consulte l'architecte paysagiste anglais Edward White, après avoir fait appel à Todd[6]. Si les propositions de White et de Todd contrastent sur le plan stylistique, elles s'accordent par contre sur l'implantation de la Cour : située en retrait, au bord de la falaise qui, comme à la hauteur du Parlement, avance dans le lit de la rivière, elle est précédée d'un grand espace ouvert encadré par des bâtiments gouvernementaux[7].

L'idée défendue par Todd depuis 1903 d'une architecture publique dont le modèle est le Parlement s'impose toujours[8]. C'est dans cet esprit que l'architecte américain Edward Bennett conçoit pour la Commission un nouveau plan d'ensemble en 1913, recommandant une architecture caractérisée par de « vigorous silhouettes, steep roofs, pavilions and towers, never competing with, but always recalling the present group »[9]. Cette référence au gothique est d'ailleurs conservée lorsque l'édifice du Centre du Parlement incendié est reconstruit presque à l'identique entre 1916 et 1927 par John A. Pearson et J. Omer Marchand.

Quand la prospérité revient pendant les années 1920, le programme de construction se réalise enfin selon un plan d'ensemble établi, cette fois, par l'Architecte en chef Richard C. Wright et l'urbaniste anglais Thomas Adams. Le premier chantier est celui de l'édifice de la Confédération (1928–1931). Son architecture est une interprétation non littérale du « Northern French Gothic of the Seventeenth Century » qui faisait alors consensus[10]. Malgré les critiques de la presse et de la profession, le projet du « bloc B » (1934–1937) qui abrite les bureaux du ministère de la Justice adopte le même caractère.

Watercolour of the front elevation by Ernest Cormier | Rendu à l'aquarelle de la façade par Ernest Cormier

American architect Edward Bennett drafted a new general plan for the Commission, recommending architecture characterized by "vigorous silhouettes, steep roofs, pavilions and towers, never competing with, but always recalling the present group."[9] This reference to the High Middle Ages was retained when John A. Pearson and J. Omer Marchand rebuilt the Centre Block between 1916 and 1927, after it was destroyed by fire. The new building was almost identical to the original.

When the economic situation improved in the 1920s, the construction program went ahead under a general plan developed by Chief Architect Richard C. Wright and Thomas Adams, an urban planner from England. The Confederation Building was the first to be built (1928–1931). Its architecture is a broad interpretation of the northern French Gothic style of the seventeenth century, which was popular at the time.[10] Despite criticism from the press and the architectural community, Block B (1934–1937), which housed the Department of Justice, adopted the same character.

The decision to build the Supreme Court was made early in 1936 following the release of an official report stating that the existing facilities were unhealthy and dangerous.[11] The decommissioning of the building was viewed with some regret in the press because it was a dignified old structure. There was also concern about

Au début de l'année 1936, la construction de la Cour suprême est enfin décidée à la suite d'un rapport officiel qui déclare le bâtiment existant insalubre et dangereux[11]. Dans la presse, la désaffectation des anciennes installations n'est pas sans susciter un certain regret vu la dignité du vieil immeuble. Par ailleurs, des inquiétudes naissent concernant le maintien de l'harmonie architecturale de la Colline du Parlement ainsi que l'envergure du projet. Pour les journalistes, le nouvel édifice de la Cour suprême des États-Unis à Washington est aussi une référence importante, bien que jugée trop grandiose[12].

Dès la fin de juin 1936, quelques semaines après que la décision de construire a été prise, le premier ministre William Lyon Mackenzie King, qui s'intéresse personnellement à l'embellissement d'Ottawa, visite le chantier et ses abords en vue de décider du site de la Cour suprême. Il arpente le terrain, accompagné du ministre de la Justice, Ernest Lapointe, et du ministre des Travaux publics, Pierre-Joseph Cardin, et confirme l'emplacement proposé dans les plans d'ensemble successifs. Préoccupé de la dimension symbolique du bâtiment, Mackenzie King imagine la Cour suprême comme le couronnement du nouvel ensemble gouvernemental et apprécie déjà l'image que celui-ci présentera de la Confédération canadienne, où l'exécutif et le judiciaire répondent au législatif[13].

Model based on the Gréber plan for Parliament Hill   Maquette reconstituant le plan Gréber pour la colline parlementaire

maintaining the architectural harmony of Parliament Hill and about the scope of the project. For journalists, the new Supreme Court building in Washington was also an important reference, although it was considered too grandiose.[12]

At the end of June 1936, a few weeks after the decision to build was made, Prime Minister William Lyon Mackenzie King, who took a personal interest in the aesthetic improvement of Ottawa, toured the site and the area around it to decide where the Court should be located. Accompanied by the Minister of Justice, Ernest Lapointe, and the Minister of Public Works, Pierre-Joseph Cardin, he surveyed the land and confirmed the location proposed in the various site plans. Interested in the symbolic aspect of the building, Mackenzie King saw the Supreme Court as the crowning structure in the new government complex and liked the image of Canadian confederation that would result: the executive and the judiciary echoing the legislature.[13]

Le choix de l'architecte

Sans doute informés du projet de construction par les journaux ou par leurs contacts politiques, quelques architectes se mettent sur les rangs. Offrent leurs services l'agence Mathers & Haldenby de Toronto et les architectes Antoine Monette et Ernest Cormier, tous deux de Montréal[14]. Malgré le désir de la profession que soit ouvert un concours d'architecture[15], le Conseil privé décide en juin 1937 d'attribuer le contrat à Ernest Cormier[16]. L'engagement d'un professionnel en pratique privée déroge aux habitudes, l'Architecte en chef ayant dirigé tous les chantiers récents[17].

Né à Montréal en 1888, Ernest Cormier est un professionnel de grand prestige qui a reçu une double formation d'ingénieur, à l'École polytechnique de Montréal, et d'architecte, à l'École des Beaux-Arts de Paris[18]. Fidèle à l'idéal professionnel prôné à l'École des Beaux-Arts, Cormier se consacre à la commande publique et religieuse. Dans son offre de service, il peut faire mention de

The Selection of an Architect

Whether they read about the project in the paper or heard about it from political contacts, architects began lining up for the job. Antoine Monette and Ernest Cormier, both of Montreal, and Mathers & Haldenby, a Toronto firm, offered their services.[14] The architectural community felt that a competition should be held,[15] but the Privy Council awarded the contract to Ernest Cormier in June 1937.[16] Hiring a professional in private practice was a departure from the norm, since the Chief Architect's Branch managed all projects at the time.[17]

Born in Montreal in 1888, Ernest Cormier was a highly esteemed professional who had studied both engineering, at the École polytechnique de Montréal, and architecture, at the École des Beaux-Arts in Paris.[18] Faithful to the professional ideals promoted at the École des Beaux-Arts, Cormier devoted himself to public and religious commissions. In his proposal, he mentioned high-profile projects such as the annex of the Palais de Justice in Montreal (1920–1926), which had been celebrated in the press, and the massive main pavilion at the University of Montreal (1924–1943).[19] The latter was Quebec's first modern institutional building. Cormier was president of the Province of Quebec Association of Architects in 1929 and had been a member of the Royal Canadian Academy since 1931. His own home, a masterpiece of what is now

Ernest Cormier

réalisations prestigieuses, telles l'annexe du Palais de Justice de Montréal (1920–1926) dont les qualités ont été soulignées par la presse, ainsi que le gigantesque pavillon principal de l'Université de Montréal (1924–1943)[19]. Ce projet est le premier édifice institutionnel moderne au Québec. Cormier a été président de l'Association des architectes de la province de Québec en 1929 et il est membre de l'Académie royale du Canada depuis 1931. Sa propre maison, un chef d'œuvre de ce qu'il est convenu d'appeler aujourd'hui Art déco, lui a valu la médaille d'or de l'Institut royal d'architecture du Canada.

Dès qu'il est confiant d'obtenir la commande, Cormier se met à la tâche[20]. Il s'informe des exigences du projet auprès des juges de la Cour suprême et de la Cour de l'Échiquier, qui continueront à être logés sous le même toit. Il visite le bâtiment existant, relevant le plan de la salle d'audience dont la qualité acoustique était grandement appréciée[21]. Il reçoit les relevés et des photographies du terrain[22].

L'implantation précise de l'édifice de la Cour suprême est étudiée aussi par le célèbre architecte-urbaniste français Jacques Gréber, dont le premier ministre a fait la connaissance lors de sa visite du chantier de l'Exposition

The front steps   Le parvis

Longitudinal section of the building — Coupe longitudinale de l'édifice

commonly called art deco, won him a gold medal from the Royal Architectural Institute of Canada.

When he was confident he would receive the commission, Cormier got down to work.[20] He learned about the requirements of the project from the justices of the Supreme Court and the Exchequer Court, who were going to share the building. He also toured the existing building, taking measurements of the courtroom, which had excellent acoustics,[21] and received plans and photographs of the site.[22]

The precise location of the Supreme Court building was also considered by the prominent French architect and urban planner Jacques Gréber, whom the Prime Minister had met when he visited the site of the Exposition internationale des arts et des techniques in Paris. Hired in January 1937 to help improve the capital,[23] Gréber submitted his first report in June and produced sketches of his ideas following a brief visit to Ottawa in August.[24]

internationale des arts et des techniques à Paris. Engagé en janvier 1937 afin de participer au programme d'embellissement de la capitale[23], Gréber dépose un premier rapport en juin et précise graphiquement ses intentions à la suite d'un court séjour à Ottawa, en août[24]. Son rapport de février 1938 témoigne de son attachement à la silhouette du Parlement, mais laisse néanmoins toute liberté en matière de design architectural[25].

L'architecture de la Cour suprême, pittoresque ou classique?

Lorsqu'il élabore le projet de la Cour suprême du Canada au cours de l'automne 1937, Ernest Cormier, en bon professionnel, cherche à répondre aux attentes de son client tout en restant fidèle à sa propre démarche artistique. Cet architecte dont la culture et la rigueur intellectuelle sont exceptionnelles cherche à allier, d'une part, le caractère pittoresque et, d'autre part, un langage classique modernisé

His February 1938 report revealed his attachment to the silhouette of the Parliament buildings but did not advocate any particular design.[25]

The Architecture of the Supreme Court: Picturesque or Classical?

When he began designing the Supreme Court building in the fall of 1937, Ernest Cormier, a consummate professional, tried to respect his client's wishes while remaining faithful to his own artistic approach. An architect of exceptional culture and intellectual discipline, he sought to combine the picturesque with a more universal modernized classical vocabulary. These architectural languages, which reflected the two great traditions in western architecture, had evolved rapidly since the mid-nineteenth century.

The picturesque had dominated public architecture in Canada since the 1860s. In a rapid succession of trends arriving from Europe and the United States, the English neo-Gothic influence, which is so evident in the Parliament buildings, had given way to references that were primarily French. The Second Empire style, highly popular in the 1870s, was followed by the Romanesque Revival. In the Langevin Building (1883–1889) on Wellington Street in Ottawa, a variation on this trend, Thomas Fuller, who had become Chief Architect, integrated Romanesque and Renaissance motifs in a sober symmetrical composition that symbolized the integrity of the federal administration.

Another variation on the picturesque, the château style recommended in the Holt report of 1916,[26] originated in commercial architecture. First used in the late 1880s at the Banff Springs Hotel, it reached full maturity a few years later when the Château Frontenac was built in Quebec City. A tribute to the country's French and British origins, these two Canadian Pacific hotels commissioned from New York architect Bruce Price are romantic evocations of the châteaux of the Loire and the manor houses of Scotland. The harmony between their silhouettes and the spectacular scenery became a trademark of Canadian tourism and made this "promotional" style the most characteristic form of national artistic expression. This style was successfully integrated into major city centres by various architects, including the firm Ross & MacFarlane which completed the Château Laurier in

plus universel. Ces vocabulaires architecturaux qui renvoient aux deux grandes traditions de l'architecture occidentale ont connu une évolution rapide depuis le milieu du XIXe siècle.

Le pittoresque domine l'architecture publique au Canada depuis les années 1860 et adopte en succession rapide diverses « modes » venues d'Europe ou des États-Unis. Ainsi, l'ascendant du néo-gothique anglais, si sensible au Parlement, s'estompe au profit de références principalement françaises. Après le triomphe du style Second Empire pendant les années 1870, c'est le néo-roman qui est le plus en vogue durant la décennie suivante. L'édifice Langevin (1883–1889), rue Wellington, à Ottawa, est une variante de cette architecture dans laquelle Thomas Fuller, devenu Architecte en chef, intègre des motifs romans et Renaissance en une composition sobre et symétrique symbolisant l'intégrité de l'administration fédérale.

Une autre variante du pittoresque, le style château, est recommandée dans le rapport Holt de 1916[26]. Ce style, qui trouve son origine dans l'architecture commerciale, a pris naissance à la fin des années 1880 au Banff Springs Hotel et s'est épanoui quelques années plus tard au Château Frontenac à Québec. Hommages aux origines françaises et britanniques du pays, ces deux commandes du Canadien Pacifique à l'architecte new-yorkais Bruce Price sont des évocations romantiques des châteaux de la Loire et des manoirs écossais. L'accord entre leur silhouette et des paysages spectaculaires donnait non seulement une image de marque au tourisme canadien, mais faisait de ce style « publicitaire » l'expression artistique nationale par excellence. Des architectes l'acclimatent avec succès au centre des grandes villes. En 1912, par exemple, l'agence Ross & MacFarlane achève l'hôtel Château Laurier à Ottawa[27]. L'adaptation du style château à un immeuble administratif est plus délicate, comme le prouve l'architecture controversée des édifices de la Justice et de la Confédération.

Cet attachement au goût pittoresque est atypique en Amérique du Nord où, après le succès de la « White City » à l'exposition colombienne de Chicago, en 1893, les grands édifices publics s'inspirent du classicisme français du XVIIIe siècle ou des édifices de la Rome antique. Les toitures s'abaissent ou disparaissent; des colonnades,

Turret, chimneys and dormers in one of the courtyards · Tourelle, cheminées et lucarnes dans une des cours intérieures

Ottawa in 1912.[27] Adapting the château style to an administrative building was more challenging, however, as can be seen in the controversial architecture of the Justice and Confederation buildings.

This attachment to the picturesque was unusual in North America where, given the success of the "White City" at the 1893 World Columbian Exposition in Chicago, major public buildings were inspired by eighteenth-century French classicism or by the buildings of ancient Rome. Roofs had become lower or flat, and colonnades, with or without pediments, emphasized the horizontality and symmetry of façades. The Alberta, Saskatchewan and Manitoba legislatures, designed shortly before the First World War, clearly illustrate this change in taste. Classicism symbolized the authority and effectiveness of political institutions and gave large commercial enterprises a "semi-public" dignity. With respect to the latter, Ottawa was no exception. Examples include Union Station, built around the same time as the Château Laurier, and the offices of Metropolitan Life on Wellington Street and the Bank of Nova Scotia on Sparks Street.

surmontées ou non d'un fronton, accentuent l'horizontalité et la symétrie des façades. Les édifices parlementaires de l'Alberta, de la Saskatchewan et du Manitoba, conçus peu avant la Première Guerre mondiale, illustrent bien ce changement de goût. Le classicisme symbolise l'autorité et l'efficacité des institutions politiques et confère également une dignité « semi-publique » aux grandes entreprises commerciales. Dans ce dernier cas, Ottawa ne fait pas exception, comme l'attestent la gare Union, construite à la même époque que le Château Laurier, et les succursales de la Metropolitan Life, rue Wellington, et de la Banque de Nouvelle-Écosse, rue Sparks.

Pendant l'entre-deux-guerres, certains anciens élèves des Beaux-Arts veulent prouver la validité des principes de composition et de planification classiques tout en proposant des édifices sans contenu « littéraire », où le caractère et le rôle social de l'institution se lisent non plus dans des motifs antiques ou allégoriques, mais dans l'ordre architectonique. Ernest Cormier, très au courant des dernières tendances, n'est pas insensible au « rationalisme constructif » d'Auguste Perret à Paris et à

In the period between the two world wars, some former students of the École des Beaux-Arts sought to prove the validity of classical composition and planning principles while designing buildings without "literary" content, in which the character and social role of the institutions housed in them were illustrated through architectonic order rather than ancient or allegorical motifs. Ernest Cormier, who kept abreast of the latest trends, was aware of the "constructive rationalism" of Auguste Perret's work in Paris and the "atticism" advocated by Paul Cret in the United States. Perret had taken the reinforced-concrete frame and rendered it noble. The slender columns and coffered ceilings in the foyer of the Théâtre des Champs-Élysées, which he designed, undoubtedly served as a model for the grand entrance hall of the Supreme Court in Ottawa. Originally from France, Paul Cret studied under Jean-Louis Pascal in Paris a few years before Ernest Cormier. He launched the trend to stone façades in low relief, on which pilasters without capitals alternated with rectangular openings. The proportions and metal grillwork of the tall windows of the Folger Shakespeare Library in Washington, which he completed in 1932 and which received excellent reviews in the specialized press, are very similar to those of the Supreme Court.[28]

On January 19, 1938, the preliminary design Cormier had modified to take into account the comments made by the justices and the lawyers was approved by Chief Justice Sir Lyman Poore Duff.[29] The Canadian Bar Association and the Exchequer Court also gave their approval. Cormier had opted for a metal frame that allowed for heavy loads and large glass surfaces, and could be built more quickly. The design process was not complete, however. Cormier was worried. According to an article in the press, Gréber had agreed to a Gothic design.[30] Gréber reassured him. He had not changed his mind since their last meeting, during which the area around the building had been redefined and, at Cormier's suggestion, they had decided to build a vast underground parking lot underneath the esplanade at the back of the building.[31]

A crucial stage remained: the Prime Minister's approval. When he first saw the design, in March, Mackenzie King did not hide his disappointment. In his diary, he bemoaned the look of the building, which he felt was too modern

The Court seen from the Ottawa River

La Cour vue de la rivière des Outaouais

l'« atticisme » de Paul Cret aux États-Unis. Perret a ennobli l'ossature en béton armé. Les colonnes élancées et plafonds à caissons du foyer de son Théâtre des Champs-Élysées sont sans aucun doute un modèle pour le traitement du hall d'honneur de la Cour suprême. D'origine française, Paul Cret a précédé de quelques années Ernest Cormier dans l'atelier de Jean-Louis Pascal à Paris. Il lance la mode des façades de pierre à faible relief où des pilastres sans chapiteaux alternent avec des ouvertures rectangulaires. Les proportions et les grilles métalliques des hautes fenêtres de sa bibliothèque Folger Shakespeare à Washington, achevée en 1932 et célébrée par la presse spécialisée, sont très proches de celles que Cormier imposera à Ottawa[28].

Le 19 janvier 1938, un projet préliminaire que Cormier a ajusté pour tenir compte des commentaires des juges et du barreau est accepté par le juge en chef, Sir Lyman

and of Muscovite inspiration, comparing it to a factory.[32] Cormier had to modify his design; he decided to make the massive copper roof, which he had included in the design proposal, more picturesque.[33] But how did he combine modernized classicism and the château style?

Cormier's Original Synthesis

For the exterior, Cormier sought to capture the spirit of each architectural trend by including a limited number of decorative elements and subjecting them to a strict geometric order. He accentuated the dichotomy between the granite walls and the typically "Canadian" copper roof by separating them with a deep channel to create an area of shadow. For the front of the building, he adopted a symmetrical and triangular composition. Like the château in Maisons, France, built in the seventeenth century by François Mansart, the Supreme Court has corner pavilions framing a "corps de logis" with a hipped roof. Cormier went straight to the sources of French classicism, which also

Stained glass window
in the main hall

Vitrail du hall
d'honneur

Poore Duff[29]. Suivent les approbations de l'Association du Barreau canadien et de la Cour de l'Échiquier. Cormier a opté pour une ossature métallique permettant de grandes portées et de larges surfaces vitrées ainsi qu'une exécution plus rapide. Mais le travail de conception n'est pas pour autant achevé. Cormier est inquiet. La presse rapporte que Gréber aurait approuvé un projet gothique[30]. Gréber le rassure. Il n'a pas changé d'avis depuis leur dernière rencontre au cours de laquelle ont été redéfinis les abords de l'édifice et a été décidée la construction d'un vaste parking souterrain sous l'esplanade arrière, à la suggestion de Cormier[31].

Reste néanmoins une étape cruciale : l'approbation du premier ministre. Lors d'une première rencontre, en mars, celui-ci ne cache pas sa déception. Dans son journal, il déplore la note moderne trop accusée de l'édifice, qu'il juge d'inspiration moscovite, et le compare à une usine[32]. Cormier doit ajuster son projet; il décide de rendre plus pittoresque le grand toit de cuivre déjà présent dans les dessins d'avant-projet[33]. Comment donc allie-t-il classicisme modernisé et style château?

La synthèse originale de Cormier

Pour l'extérieur, Cormier cherche à retenir l'essence de chaque tendance architecturale, en recourant à un nombre limité d'éléments de décoration et en les soumettant à un ordre géométrique rigoureux. Il accentue la dichotomie entre les murs de granit et le toit de cuivre si « canadien » en les séparant par un chéneau profond qui crée une zone d'ombre. Côté ville, il adopte une composition symétrique et pyramidale. Comme au château de Maisons, édifié au XVIIe siècle par François Mansart, il encadre un « corps de logis » au toit à quatre pentes de pavillons d'angle. Cormier va droit aux sources du classicisme français, desquelles s'inspirent également le traitement du perron en cour d'honneur et les petits frontons couronnant les chiens-assis latéraux. Seul détail pittoresque à l'avant : les trois rangées de lucarnes de taille décroissante disposées en quinconce, un peu à la manière d'une batterie de canons.

Inscrits dans un cadre plus naturel, les toits des façades latérales et côté rivière s'abaissent légèrement et s'imbriquent davantage que ceux de la façade principale.

inspired the treatment of the perron as a court of honour and the small pediments crowning the side dormers. There is only one picturesque detail on the front: the dormers of decreasing size arranged in three staggered rows, somewhat like a gun battery.

Placed in a more natural setting, the side and rear roofs are slightly lower and overlap more than those at the front. Three gabled dormers interrupt the line created by the channel. To accommodate the Prime Minister's wishes, Cormier included chimney stacks and four turrets that rise out of the courtyards. He also added scalloped motifs around the dormer windows.

Cormier, whose proposal did not include allegorical statues, designed the dark torchères inspired by neoclassical precedents that flank the bronze doors at the main entrance. Of Italian Renaissance style, the doors feature medallions designed with the assistance of sculptor Henri Hébert, Cormier's friend, and depicting great moments in the history of law, from the Twelve Tables of Roman law to the Statute of Westminster.[34] The grillwork and the stained glass windows in shades of grey above the entrances add a contemporary decorative touch. Their angular design is reminiscent of windows in houses designed by Frank Lloyd Wright, whose work Cormier greatly admired.

The Beaux-Arts Method

For an architect trained at the École des Beaux-Arts in Paris, the ornamentation of the façades could be varied according to the nature of the building and the client's tastes. However, invariably, programmatic elements of a project had to be arranged logically in terms of plan and mass.

For the highest court in a democracy, the architect had to convey an impression of unquestionable authority, through the use of vast proportions and a severe decor, and transparency of action, symbolized by natural light. The Supreme Court building has an abundance of large openings to the outside and is organized around the main courtroom at its centre, with the other elements revolving around it according to a hierarchy that reflects their more or less public nature. The plans and the transverse section show that the building has two distinct sections joined by a "buffer" zone with twin vertical circulations. At the front, the grand entrance hall is flanked by the courtrooms

The grand staircase leading to the Courtroom

L'escalier d'honneur menant à la salle d'audience

Trois lucarnes à pignon interrompent le chéneau de démarcation. Pour accéder aux désirs du premier ministre, Cormier rajoute des fûts de cheminées et quatre tourelles qui émergent des cours intérieures. De plus, il encadre les lucarnes de motifs festonnés.

Cormier, dont le projet ne prévoyait pas de statues allégoriques, dessine les sombres torchères du perron, d'inspiration néo-classique, et les vantaux en bronze des portes d'entrée principales, qui trouvent leur origine dans la Renaissance italienne. Les figures en médaillon des portes en bronze réalisées avec la collaboration de son ami, le sculpteur Henri Hébert, représentent les grands moments de l'histoire du droit, de la loi romaine des douze tables au statut de Westminster[34]. Les grilles et les vitraux en dégradés de gris surmontant les entrées apportent une touche décorative contemporaine. Leur dessin angulaire rappelle les vitrages des maisons de Frank Lloyd Wright, dont Cormier admire le travail.

A staircase with grey Missisquoi marble

Un escalier en marbre gris de Missisquoi

and adjunct offices of the Exchequer Court, located in the building's corner pavilions. The back of the building is arranged around the two courtyards. At the centre of it is the main courtroom, on two levels, and around the perimeter are the judges' chambers and various other offices, connected by a well-lit U-shaped corridor. The judges' conference room, at the back, has a stunning panoramic view of the river. Above it are the judges' library, on the second floor, and their lounge and dining room, just under the roof.

One of the overriding principles taught at the École des Beaux-Arts was that users should be able to find their way around a building without asking for directions. That is perfectly illustrated here. From the entrance to the main courtroom, Cormier orchestrated an architectural promenade that is very logical, even though passing through airlock cubicles heightens the surprise produced as one walks from the outside to the grand entrance hall. The double flights of stairs at the main entrance and inside the building impose lateral back-and-forth movement, creating a broader visual field that allows the visitor to admire the building's architectonic and decorative qualities.

La méthode Beaux-Arts

Pour un architecte formé à l'École des Beaux-Arts de Paris, l'ornementation des façades peut varier en fonction de la nature de l'immeuble et des goûts du client, mais demeure intangible la nécessité d'ordonner logiquement tant en plan qu'en volume les données d'un projet.

Pour le plus haut tribunal d'une démocratie, l'architecte doit traduire une impression d'autorité incontestable, à travers de vastes proportions et un décor sévère, et une impression de transparence d'action, symbolisée par la lumière naturelle. Privilégiant les grandes ouvertures sur l'extérieur, l'édifice de la Cour suprême s'organise en fonction de la grande salle d'audience située au cœur de l'édifice et autour de laquelle gravitent les autres éléments selon une distribution hiérarchique qui tient compte de leur caractère plus ou moins public. Les vues en plan et la coupe transversale montrent l'existence de deux parties distinctes reliées par une zone « tampon » comprenant une double circulation verticale. À l'avant, le hall d'honneur est flanqué des salles d'audience de la Cour de l'Échiquier et de leurs annexes dans les pavillons d'angle. La partie arrière est organisée autour des deux cours intérieures : au centre, la salle d'audience sur deux niveaux; à la périphérie, les étages de bureaux des juges et des divers services reliés par un corridor en forme de U abondamment éclairé. À l'arrière, bénéficiant d'un superbe panorama sur la rivière, se superposent, en position centrale, la salle de délibération des juges, leur bibliothèque et enfin leur salon-salle à manger sous les toits.

Un principe absolu de l'enseignement des Beaux-Arts veut que l'usager puisse trouver son chemin sans le demander à quiconque. Il est parfaitement illustré ici. Du perron d'entrée à la salle d'audience centrale, Cormier orchestre une promenade architecturale d'une grande logique, même si les sas d'entrée accentuent l'effet de surprise que procure le passage du perron au hall d'honneur. Le dédoublement des emmarchements du perron, de l'entrée et de l'escalier intérieur impose au visiteur un déplacement en va-et-vient latéral permettant d'apprécier avec un champ visuel plus étendu les qualités architectoniques et décoratives de l'édifice.

The elongated shape of the hall and its tall windows are reminiscent of the Salle des pas perdus in the Palais de Justice built in Paris during the Second Empire, an example that was analyzed and illustrated in a work by Julien Guadet[35] to which Cormier often referred. As prescribed by Guadet, a professor at the École des Beaux-Arts, the hall is the "focal point" of all traffic flow. At entry level, access to the courtrooms of the Exchequer Court is materialized by alcoves framed by columns. Visitors feel instinctively compelled to climb the grand staircase leading to the main courtroom. Once on the balcony, before climbing three additional steps to reach their final destination, they can turn and admire the magnificent coffered ceiling.

Cormier's use of natural light in the grand entrance hall is in keeping with the ideal of a transparent judicial system. On sunny days, the light from the tall exterior windows gives the hall a cathedral-like appearance. Accented with slight touches of bronze, the sober decor comprises mainly panels and slabs of Canadian and European marble in various shades. On the monochromatic beige walls, polished surfaces consisting of large panels with matching horizontal veining alternate with fluted pilasters of flecked marble, which was also used for the columns at either end. The banister is made of pink marble. While there is no physical barrier separating the public spaces from the service staircase, which was built right against the grand staircase, the hierarchy between the grand entrance hall and the administrative spaces is defined by the use of different materials as the walls of the corridors leading to the offices are covered with grey Missisquoi marble.

The main courtroom, rectangular in shape, is lit by tall windows without mouldings or other ornamentation, and its ceiling was designed to produce "crisp, immediate sound".[36] Although it is as dignified as the grand entrance hall, it has a different ambiance, characteristic of courtrooms around the world, dominated by the use of a single coffer for the ceiling and dark wood panelling with geometric motifs in low relief.

Fireplace and furniture designed by Cormier

Cheminée et mobilier dessinés par Cormier

La forme allongée du hall et ses hautes fenêtres rappellent la Salle des pas perdus du Palais de Justice construit à Paris sous le Second Empire, un exemple analysé et illustré dans un ouvrage de Julien Guadet[35] auquel Cormier s'est souvent référé. Comme le prescrivait ce professeur de l'École des Beaux-Arts, le hall est le « centre de rayonnement » de toutes les circulations. Au niveau d'entrée, l'accès aux salles d'audience de la Cour de l'Échiquier est matérialisé, à l'est et à l'ouest, par des niches encadrées de colonnes. Le visiteur se sent instinctivement poussé à monter l'escalier d'honneur qui mène à la salle d'audience principale. Sur le balcon, avant de gravir les trois marches qui le conduisent à sa destination finale, il peut se retourner et apprécier les magnifiques caissons du plafond.

La manipulation de l'éclairage naturel dans le hall d'honneur s'accorde avec l'idéal de transparence de l'appareil judiciaire. Par journée ensoleillée, la lumière des hautes fenêtres extérieures donne au hall des allures de cathédrale. Rehaussé de petites touches en bronze, ce décor sobre est à base de panneaux et dalles de marbres

| The bronze doors at the main entrance | Les portes de bronze de l'entrée principale |

A Building for the Future

Construction of the Supreme Court began in October 1938. On May 20, 1939, Queen Elizabeth, accompanied by her husband, King George VI, laid the foundation stone of the building in a ceremony attended by the Governor General, Lord Tweedsmuir, Prime Minister Mackenzie King and the Chief Justice of Canada, Sir Lyman Poore Duff. The building was completed in 1941 but, since wartime commissions used it for the next four years, the Court did not move in until January 1946. The following year, Cormier was appointed to represent Canada on the team that designed the United Nations Headquarters in New York City. He also received the contract for the Government Printing Bureau (1950–1958) in Hull.

The original furniture of the Supreme Court of Canada, all of which was designed by Cormier, was built later because it was not covered by the initial contract. Even at this level, his design method remained unchanged. Cormier drew inspiration from antique furniture, but he simplified the ornamentation and subjected it to strict geometric order. The judges' chairs in the main courtroom provide a striking example of this.

Over time, a number of changes have been made to meet the needs of the building's occupants. The most significant one occurred in 1952 when the library reading

de tons différents et d'origines différentes, canadiennes ou européennes. Sur les murs en camaïeu de beiges alternent des surfaces polies, formées de grands panneaux dont les veines horizontales s'accordent, et des pilastres cannelés en marbre moucheté, utilisé également pour les colonnes latérales. La rampe d'escalier est traitée en marbre rose. S'il n'existe pas d'obstacle matériel entre les espaces de circulation du public et l'escalier de service s'adossant à l'escalier d'honneur, la hiérarchie entre le hall et les espaces administratifs est marquée par une différence de matériau, les murs des couloirs qui desservent les bureaux étant recouverts de marbre gris de Missisquoi.

La salle d'audience principale, de forme rectangulaire, est éclairée par de grandes fenêtres, sans « saillies » ni « renforcements », et plafonnée afin d'obtenir « une acoustique sèche, instantanée » [36]. Aussi digne que le hall d'honneur, elle offre une ambiance contrastée, caractéristique des salles d'audience partout dans le monde, dominée par l'emploi d'un caisson de plafond unique et de lambris de bois sombre, traités eux aussi en motifs géométriques de faible relief.

Un édifice pour l'avenir

Le chantier est ouvert en octobre 1938. Le 20 mai 1939, la Reine Elizabeth, accompagnée de son mari, le Roi George VI, pose la pierre angulaire de l'édifice au cours d'une cérémonie à laquelle assistent notamment le gouverneur général, Lord Tweedsmuir, le premier ministre Mackenzie King et le juge en chef du Canada, Sir Lyman Poore Duff. Les travaux sont terminés en 1941 mais, réquisitionné par le Service de guerre, le bâtiment n'accueille ses véritables occupants qu'en janvier 1946. L'année suivante, Cormier est nommé membre canadien de l'équipe de conception du Siège des Nations Unies à New York. Il reçoit également le contrat de l'Imprimerie nationale du Canada (1950–1958) à Hull.

Le mobilier original de la Cour suprême du Canada, dont l'ensemble a été dessiné par Cormier, n'est réalisé qu'après les travaux de construction car cet aspect du projet ne faisait pas partie du contrat initial. À cette échelle, sa méthode de design reste inchangée : Cormier s'inspire du mobilier ancien, mais il en simplifie l'ornementation et la soumet à un ordre géométrique

room was moved to the top floor, directly above the grand entrance hall. The exceptional architectural quality of the Supreme Court was confirmed in 1988 when the Court was designated a federal heritage building. This landmark quality was preserved when the Department of Public Works carried out renovation and retrofit work in the early 1990s. The copper roofing was replaced and insulated, but the original architectural details were maintained. The building was also brought up to modern safety and accessibility standards, and the library was expanded.[37]

The importance of the Supreme Court has grown in a building well adapted to its purpose. It is unfortunate, however, that the initial plan to build a counterpart to the Justice Building on the north side of Wellington Street, to the west of the Court, never materialized. A tighter urban composition would have highlighted the building's qualities.

It would be difficult to imagine a more eloquent three-dimensional representation of the role the Supreme Court has assumed in the life of the nation. Ernest Cormier demonstrated how the classical ideal of clarity and logic placed at the service of democratic ideals, and the traditional values of fine materials and skilled workmanship, can be modified to reflect the spirit of the times, without losing their visual impact and symbolic power.

The authors would like to thank the archives service of the Canadian Centre for Architecture for its assistance in accessing the Cormier Archive.

rigoureux. Les fauteuils des juges dans la salle d'audience principale en sont un exemple frappant.

Soumis au test de l'usage, le bâtiment connaît des réaménagements dont le plus important est la relocalisation en 1952 de la salle de lecture de la bibliothèque sous les toits, au-dessus du hall d'honneur. L'exceptionnelle qualité architecturale de la Cour suprême a été confirmée lorsqu'en 1988 l'édifice a été classé « bâtiment fédéral patrimonial ». Cette valeur est préservée lorsque le ministère des Travaux publics entreprend des travaux de réfection et d'adaptation fonctionnelle au début des années 1990. La toiture en cuivre est remplacée et isolée, tout en respectant les détails architecturaux originaux. De plus, l'édifice est mis aux normes de sécurité et d'accessibilité contemporaines et, sous les toits, la bibliothèque est agrandie[37].

L'importance de la Cour suprême s'est accrue dans un édifice bien adapté à sa destination. On peut toutefois regretter que le plan initial de construire au nord de la rue Wellington un immeuble faisant pendant à l'édifice de la Justice n'ait pas été réalisé à l'ouest de l'esplanade. Une composition urbaine plus resserrée aurait permis de mieux apprécier les qualités de l'édifice.

On pourrait difficilement imaginer une traduction en trois dimensions plus parlante du rôle qu'a pris la Cour suprême dans la vie du pays. Cormier y démontre comment l'idéal classique de clarté et de logique mis au service d'idéaux démocratiques, ainsi que les valeurs traditionnelles de qualité des matériaux et de mise en œuvre, peuvent être modifiés pour s'accorder à l'esprit du temps, sans perdre leur impact visuel et leur pouvoir symbolique.

Les auteurs tiennent à remercier le service des archives du Centre Canadien d'Architecture de leur avoir facilité l'accès au fonds Ernest Cormier.

Notes – The Supreme Court Building

1. The history of this administrative body and its architectural achievements throughout the country is traced by Janet Wright in *Crown Assets: The Architecture of the Department of Public Works, 1867–1967* (Toronto: University of Toronto Press, 1997).

2. Wilfrid Laurier in an 1893 speech. W. Eggelston, *The Queen's Choice: A Story of Canada's Capital* (Ottawa: Queen's Printer, 1961), p. 154.

3. Ian Doull, "Confederation Building, Justice Building, Justice Annex, Supreme Court of Canada Building," reports 87–34 to 87–37, FHBRO (Ottawa: Environment Canada, 1987), pp. 17–18.

4. James G. Snell and Frederick Vaughan, *The Supreme Court of Canada: History of the Institution* (Toronto: University of Toronto Press, 1985), pp. 172–174.

5. Frederick Todd, *Preliminary Report to the Ottawa Improvement Commission* (Montreal: n.p., c. 1903).

6. Janet Wright, pp. 120, 122.

7. For Todd's proposal, see Department of Public Works, Design for the Location of Proposed Departmental Buildings, NMC 121793. For White's, see *"New Government Building, City of Ottawa,"* November 6, 1912, NAC, RG11, 2950, 5084–1.

8. In a letter to R. Hunter, Deputy Minister of Public Works, dated July 8, 1912, F. Todd reiterates his recommendation, stating that the general style should not differ very materially from the style of the Parliament building, NAC, RG11, 2950, 5084–1.

9. Herbert S. Holt et al., *Report of the Federal Plan Commission on the General Plan for the Cities of Ottawa and Hull* (Ottawa, 1916), p. 110.

10. This reference also appears in the Holt report (p. 111) and in R. C. Wright and T. Adams, "The Proposed Group of Government Buildings on the North Side of Wellington Street and West of Parliament Hill," (Ottawa, December 10, 1920), p. 4, NAC, RG11, 2950, 5084–1.

11. Commissioned in November 1935, the report was submitted in December. G. H. Fergusson, Chief Sanitary Engineer and J. J. Heagerty, Chief Executive Assistant, "Department of Pensions and National Health, Sanitary Inspection of the Supreme Court," NAC, RG11, 4328, 2994–1–C.

12. See various press clippings in the files of the Department of Public Works, NAC, RG11, 4328, 2994–1–C.

13. William Lyon Mackenzie King, "Diary," transcript/typescript (Toronto: University of Toronto, 1980), p. 235, NAC, microfiche MG26 J13, fiche 104. At the time, the prime minister's offices were to be built under the same program.

14. Letter from Mathers & Haldenby to P.-J. A. Cardin, Minister of Public Works, December 2, 1936, NAC, RG11, 4328, 2994–1–C; letter from Antoine Monette to P.-J. A. Cardin, Minister of Public Works, January 28, 1937, NAC, RG11, 4328, 2994–1–C; letter from Ernest Cormier to P.- J. A. Cardin, Minister of Public Works, June 22, 1936, CCA, Cormier Archive, 01–3700, 112.

15. Letter from W. L. Somerville, President of the Royal Architectural Institute of Canada, to P.- J. A. Cardin, Minister of Public Works, NAC, RG11, 4328, 2994–1–C.

16. Recommended by the Minister of Public Works, the decision was justified by the workload of the Chief Architect's Branch and the urgent nature of the project. Order in Council of the Privy Council confirmed on June 11, 1937, NAC, RG2, 1608, 1574 G, 70/1390.

17. Janet Wright, pp. 37, 74–76.

18. The architect's work and career are studied in Isabelle Gournay, ed., *Ernest Cormier and the Université de Montréal* (Montreal: Canadian Centre for Architecture and MIT Press, 1990) 180 pages, ill.

Notes – L'édifice de la Cour suprême

1. L'histoire de cette entité administrative et de ses réalisations est retracée dans Janet Wright, *Les biens de la Couronne : L'architecture du ministère des Travaux publics, 1867–1967,* Toronto, University of Toronto Press, 1997.

2. Comme l'avait imaginé Wilfrid Laurier dans un discours prononcé en 1893. W. Eggelston, *The Queen's Choice: A Story of Canada's Capital,* Ottawa, Queen's Printer, 1961, p. 154.

3. Ian Doull, « Confederation Building, Justice Building, Justice Annex, Supreme Court of Canada Building », rapports 87–34 à 87–37, BEEFVP, Ottawa, Environnement Canada, 1987, p. 17–18.

4. James G. Snell et Frederick Vaughan, *The Supreme Court of Canada: History of the Institution,* Toronto, University of Toronto Press, 1985, p. 172–174.

5. Frederick Todd, *Preliminary Report to the Ottawa Improvement Commission,* Montréal, s. n., vers 1903.

6. Janet Wright, p. 124, 126.

7. Pour la proposition de F. Todd, voir Department of Public Works, Design for the Location of Proposed Departmental Buildings, NMC 121793. Pour celle de White, voir « *New Government Building, City of Ottawa* », 6 novembre 1912, ANC, RG11, 2950, 5084–1.

8. Dans une lettre à R. Hunter, sous-ministre des Travaux publics, datée du 8 juillet 1912, F. Todd réitère sa recommandation, précisant que « le style général ne devrait pas être trop éloigné de celui des édifices du Parlement », ANC, RG11, 2950, 5084–1.

9. Herbert S. Holt et al., *Report of the Federal Plan Commission on the General Plan for the Cities of Ottawa and Hull,* Ottawa, 1916, p. 110.

10. Une telle référence est reprise dans le rapport Holt (p. 111) et dans R. C. Wright et T. Adams, « The Proposed Group of Government Buildings on the North Side of Wellington Street and West of Parliament Hill », Ottawa, 10 décembre 1920, p. 4, ANC, RG11, 2950, 5084–1.

11. Commandé en novembre 1935, le rapport est déposé en décembre. G. H. Fergusson, Chief Sanitary Engineer et J. J. Heagerty, Chief Executive Assistant, « Department of Pensions and National Health, Sanitary Inspection of the Supreme Court », ANC, RG11, 4328, 2994–1–C.

12. Voir diverses coupures de presse dans les dossiers du ministère des Travaux publics, ANC, RG11, 4328, 2994–1–C.

13. William Lyon Mackenzie King, « Diary », transcription dactylographiée, Toronto, Université de Toronto, 1980, p. 235, ANC, microfiche MG 26 J13, fiche 104. À l'époque, il est question de compléter le programme des cours de justice par les bureaux du premier ministre.

14. Lettre de Mathers & Haldenby à P.-J. A. Cardin, ministre des Travaux publics, 2 décembre 1936, ANC, RG11, 4328, 2994–1–C; lettre d'Antoine Monette à P.-J. A. Cardin, ministre des Travaux publics, 28 janvier 1937, ANC, RG 11, 4328, 2994–1–C; lettre d'Ernest Cormier à P.- J. A. Cardin, ministre des Travaux publics, 22 juin 1936, CCA, Fonds Cormier, 01–3700, 112.

15. Lettre de W. L. Somerville, président, Institut royal d'architecture du Canada, à P.-J. A. Cardin, ministre des Travaux publics, ANC, RG11, 4328, 2994–1–C.

16. Recommandée par le ministre des Travaux publics, la décision est justifiée par la charge de travail au sein du Bureau de l'Architecte en chef et par l'urgence. Décret du Conseil privé confirmé le 11 juin 1937, ANC, RG2, 1608, 1574 G, 70/1390.

17. Janet Wright, p. 39, 78–80.

18. L'œuvre et la carrière de l'architecte sont étudiées dans Isabelle Gournay, dir., *Ernest Cormier et l'Université de Montréal,* Montréal, Centre canadien d'architecture et Éditions du Méridien, 1990, 180 pages, ill.

19. France Vanlaethem, "Montreal Architects and the Challenge of Commissions," in Isabelle Gournay and France Vanlaethem, eds., *Montreal Metropolis, 1880–1930* (Toronto: Stoddart Publishing and Canadian Centre for Architecture, 1998), p. 102.

20. Cormier's first notes are dated April 15, 1937. CCA, Cormier Archive, 01–3700/29. The volume of notes increased in the months after the contract was signed. CCA, Cormier Archive, 01–3700/46.

21. Plan drafted by Cormier, October 21, 1937, CCA, Cormier Archive, 01–3700/29. Press clipping: "The Supreme Court Building," NAC, RG11, 4328, 2994–1–C.

22. Note from C. D. Sutherland, Chief Architect, to Ernest Cormier, November 4, 1937, CCA, Cormier Archive, 01–3700/46.

23. "Minutes of a meeting of the Treasury Board, approved by his excellency the Governor General in Council, on the 28th of January 1937", NAC, RG11, 2716, 5370–4–A.

24. Jacques Gréber, "Department of Public Works, City of Ottawa, Location Proposed for Supreme Court," CCA, Cormier Archive, 01–240/A–8.

25. Jacques Gréber, "Report on the City Planning Improvements, Department of Public Works, City of Ottawa," February 7, 1938, pp. 4, 11, 12, NAC, RG11, 2716, 5370–4–A.

26. See note 9.

27. Harold Kalman, *The Railway Hotels and the Development of the Chateau Style in Canada* (Victoria, British Columbia: University of Victoria, Maltwood Museum, 1968).

28. Elizabeth Greenwell Grossman, *The Civic Architecture of Paul Cret* (New York: Cambridge University Press, 1996), pp. 140–145.

29. Dated November 10, 1937, the plans were modified a few times. CCA, Cormier Archive, 01–DX–05 / 01–3700/37. Letter from L. P. Duff to Ernest Cormier, January 19, 1938, CCA, Cormier Archive, 01–3700/46.

30. Letters from Ernest Cormier to Jacques Gréber, February 10, 1938, CCA, Cormier Archive, 01–240/A–8.

31. Letter from Jacques Gréber to Ernest Cormier, February 12, 1938; letter from Ernest Cormier to Jacques Gréber, January 18, 1938, CCA, Cormier Archive, 01–240/A–8.

32. William Lyon Mackenzie King, "Diary," transcript/typescript (Toronto: University of Toronto, 1980), p. 231, NAC, microfiche MG 26 J13, fiche 120.

33. According to numerous authors, Cormier reportedly designed a flat-roofed building. None of the documents in the CCA's Cormier Archive confirm this hypothesis, as Léon Ploegaerts implies in "L'édifice de la Cour suprême à Ottawa, un exercice d'architecture contextuelle," *Architecture Québec*, 53 (February 1990), p. 28. At a second meeting, which Gréber attended, on July 14, 1938, Mackenzie King approved the project but did not show much enthusiasm. William Lyon Mackenzie King, "Diary," transcript/typescript (Toronto: University of Toronto, 1980), p. 554, NAC, microfiche MG 26 J13, fiche 124.

34. The iconography was developed by Paul Ranger. CCA, Cormier Archive, 01–3700/305.

35. Julien Guadet, *Éléments et théorie de l'architecture,* vol. 2 (Paris: La Construction moderne, 1905), p. 489.

36. Julien Guadet, pp. 487–488.

37. Desnoyers, Mercure et Associés, "Supreme Court of Canada: Works 1993–1995 / La Cour suprême du Canada : Travaux 1993–1995," 1995.

19. France Vanlaethem, « Les architectes montréalais face à la commande », dans Isabelle Gournay et France Vanlaethem, dir., *Montréal, métropole, 1880–1930*, Montréal, Boréal et Centre canadien d'architecture, 1998, p. 116.

20. Les toutes premières informations notées par Cormier datent du 15 avril 1937. CCA, Fonds Cormier, 01–3700/29. Elles s'accumulent au cours des mois qui suivent la signature du contrat. CCA, Fonds Cormier, 01–3700/46.

21. Plan établi par Cormier, 21 octobre 1937, CCA, Fonds Cormier, 01–3700/29. Coupure de presse : « The Supreme Court Building », ANC, RG11, 4328, 2994–1–C.

22. Note de C. D. Sutherland, Architecte en chef, à Ernest Cormier, le 4 novembre 1937, CCA, Fonds Cormier, 01–3700/46.

23. « Minutes of a meeting of the Treasury Board, approved by His Excellency the Governor General in Council, on the 28th of January 1937 », ANC, RG11, 2716, 5370–4–A.

24. Jacques Gréber, « Department of Public Works, City of Ottawa, Location Proposed for Supreme Court », septembre 1937, CCA, Fonds Cormier, 01–240/A–8.

25. Jacques Gréber, « Report on the City Planning Improvements, Department of Public Works, City of Ottawa », 7 février 1938, p. 4, 11, 12, ANC, RG 11, 2716, 5370–4–A.

26. Voir la note 9.

27. Harold Kalman, *The Railway Hotels and the Development of the Chateau Style in Canada*, Victoria (Colombie-Britannique), Université de Victoria, Maltwood Museum, 1968.

28. Elizabeth Greenwell Grossman, *The Civic Architecture of Paul Cret*, New York, Cambridge University Press, 1996, p. 140–145.

29. Les plans, datés du 10 novembre 1937, ont été modifiés à quelques reprises. CCA, Fonds Cormier, 01–DX–05 / 01–3700/37. Lettre de L. P. Duff à Ernest Cormier, 19 janvier 1938, CCA, Fonds Cormier 01–3700/46.

30. Lettres d'Ernest Cormier à Jacques Gréber, 10 février 1938, CCA, Fonds Cormier, 01–240/A–8.

31. Lettre de Jacques Gréber à Ernest Cormier, 12 février 1938; lettre d'Ernest Cormier à Jacques Gréber, 18 janvier 1938, CCA, Fonds Cormier, 01–240/A–8.

32. William Lyon Mackenzie King, « Diary », transcription dactylographiée, Toronto, Université de Toronto, 1980, p. 231, ANC, microfiche MG 26 J13, fiche 120.

33. Selon la rumeur historiographique, répétée par de nombreux auteurs, Cormier aurait dessiné un projet à toit plat. Aucun document dans le fonds Cormier du CCA ne confirme cette hypothèse, comme le laisse supposer Léon Ploegaerts dans « L'édifice de la Cour suprême à Ottawa, un exercice d'architecture contextuelle », *Architecture Québec*, nº 53 (février 1990), p. 28. Lors d'une seconde rencontre, le 14 juillet 1938, en présence de Gréber, King approuve le projet sans grand enthousiasme. William Lyon Mackenzie King, « Diary », transcription dactylographiée, Toronto, Université de Toronto, 1980, p. 554, ANC, microfiche MG 26 J13, fiche 124.

34. Le programme iconographique a été établi par Paul Ranger. CCA, Fonds Cormier, 01–3700/305.

35. Julien Guadet, *Éléments et théorie de l'architecture*, vol. 2, Paris, La Construction moderne, 1905, p. 489.

36. Julien Guadet, p. 487–488.

37. Desnoyers, Mercure et Associés, « Supreme Court of Canada: Works 1993–1995 / La Cour suprême du Canada : Travaux 1993–1995 », 1995.

A Selection of Useful Sources on the Court and Its Justices*

Une sélection de sources d'information utiles sur la Cour et ses juges*

THE COURT / LA COUR

"Abolition of Appeals to the Privy Council: A Symposium." *Canadian Bar Review* 25 (1947), pp. 557-72.

Bader, Michael and Edward Burstein. "The Supreme Court of Canada 1892-1902: A Study of the Men and the Times." *Osgoode Hall Law Journal* 8 (1970), pp. 503-47.

Balcome, Randall P. H., et al. *Supreme Court of Canada Decision-Making: The Benchmarks of Rand, Kerwin and Martland.* Toronto: Carswell, 1990.

Batten, Jack. "The Power and the Glory / La puissance et la gloire." *The Review / La Revue*, 67, 1 (1983), pp. 2-6.

Beatty, David M. *Talking Heads and the Supremes: The Canadian Production of Constitutional Review.* Toronto: Carswell, 1990.

Boult, Reynald. "*Ad hoc* Judges of the Supreme Court of Canada." *Chitty's Law Journal* 26, 9 (1978), pp. 289-95.

Bushnell, Ian. *The Captive Court: A Study of the Supreme Court of Canada.* Montreal: McGill-Queen's University Press, 1992.

Bzdera, A. « Perspectives québécoises sur la Cour suprême du Canada ». *Revue canadienne de droit et société / Canadian Journal of Law and Society* 7 (1992), pp. 1-21.

Cassels, Robert. "The Supreme Court of Canada." *The Green Bag* 2 (1890), pp. 241-56.

Celebration of the Centenary of the Supreme Court of Canada (1875-1975): The Role and Functions of the Final Appellate Courts / Célébration du centenaire de la Cour suprême du Canada (1875-1975) : le rôle et les attributions des cours d'appel de dernière instance. Ottawa: Supreme Court of Canada / Cour suprême du Canada, 1976.

Cheffins, Ronald I. "The Supreme Court of Canada: The Quiet Court in an Unquiet Country." *Osgoode Hall Law Journal* 4 (1965-66), pp. 259-75.

Crane, Brian A. "Law Clerks for Canadian Judges." *Canadian Bar Journal* 9 (1966), pp. 373-5.

Crane, Brian A. "The Jurisdiction of the Supreme Court of Canada." *Canadian Bar Journal* 11 (1968), pp. 377-88.

Décary, Robert. *Cour suprême.* Montréal, Wilson & Lafleur, 1988.

Dickson, Brian. "Operations and Practice, a Comparison: The Canadian Supreme Court." *Canada-United States Law Journal* 3 (1980), pp. 86-102.

Dickson, Brian. "The Role of the Supreme Court of Canada." *Advocates' Society Journal* 3, 4 (1984), pp. 3-5.

Gibson, Dale. "– And One Step Backward: The Supreme Court and Constitutional Law in the Sixties." *Canadian Bar Review / Revue du Barreau canadien* 53 (1975), pp. 621-48.

Gonthier, Charles D. « L'influence d'une Cour suprême nationale sur la tradition civiliste québécoise ». *Revue juridique Thémis* 24 (1990), pp. 413-9.

Gosse, Richard. "The Four Courts of Sir Lyman Duff." *Canadian Bar Review / Revue du Barreau canadien* 53 (1975), pp. 482-518.

Herman, Michael J. "Bibliography of Material on the Supreme Court of Canada." *Ottawa Law Review* 8 (1976), pp. 102-6.

Herman, Michael J. "The Founding of the Supreme Court of Canada and the Abolition of the Appeal to the Privy Council." *Ottawa Law Review* 8 (1976), pp. 7-31.

Herman, Michael J. "Introduction: The Supreme Court of Canada 1875-1975." *Ottawa Law Review* 8 (1976), pp. 1-6.

Herman, Michael John. "Law Clerking at the Supreme Court of Canada." *Osgoode Hall Law Journal* 13 (1975), pp. 279-92.

How, W. Glen. "The Too Limited Jurisdiction of the Supreme Court of Canada." *Canadian Bar Review* 25 (1947), pp. 573-86.

The citations in this bibliography focus on biography and history, not legal analysis. References to the sources found in the "Brief History of the Court" are also included. / Les références de cette bibliographie sont essentiellement biographiques et historiques et ne visent pas l'analyse juridique. On y retrouve également les références complètes des sources mentionnées dans le « Bref historique de la Cour ».

Hudon, E. G. "Growing Pains and Other Things: The Supreme Court of Canada and the Supreme Court of the United States." *Revue générale de droit* 17 (1986), pp. 753-96.

Huot, François. « La Cour suprême simplement ». *Justice* 9, 8 (1987), pp. 35-9.

Laskin, Bora. « Cour suprême du Canada ». *Revue internationale de droit comparé* 30 (1978), pp. 139-47.

Laskin, Bora. "The Role and Functions of Final Appellate Courts: The Supreme Court of Canada." *Canadian Bar Review / Revue du Barreau canadien* 53 (1975), pp. 469-81.

Laskin, Bora. "The Supreme Court of Canada: The First One Hundred Years, a Capsule Institutional History." *Canadian Bar Review / Revue du Barreau canadien* 53 (1975), pp. 459-68.

Laskin, Bora. "The Supreme Court of Canada: A Final Court of and for Canadians." *Canadian Bar Review* 29, 10 (1951), pp. 1038-79.

L'Heureux-Dubé, C. "Nomination of Supreme Court Judges: Some Issues for Canada." *Manitoba Law Journal / Revue de droit manitobain* 20 (1991), pp. 600-24.

Logan, G. R. "Annotated Bibliography of Works Written on the Supreme Court of Canada." *Osgoode Hall Law Journal* 3 (1965), pp. 173-7.

Macbeth, Madge and Leslie T. White. "The Seven Justices of the Red Robes." *Maclean's*, 1 April 1936, p. 46.

MacDonald, Vincent C. "The Privy Council and the Canadian Constitution." *Canadian Bar Review* 29 (1951), pp. 1021-37.

MacGuigan, Mark R. "The Privy Council and the Supreme Court: A Jurisprudential Analysis." *Alberta Law Review* 4 (1965-1966), pp. 419-29.

MacKinnon, Frank. "The Establishment of the Supreme Court of Canada." *Canadian Historical Review* 28, 1 (1946), pp. 258-74.

Monahan, Patrick. *Politics and the Constitution: The Charter, Federalism, and the Supreme Court of Canada.* Toronto: Carswell, 1987.

Pollock, E. Marshall. "Mr. Justice Rand: A Triumph of Principle." *Canadian Bar Review / Revue du Barreau canadien* 53 (1975), pp. 519-43.

Rand, I. C. "The Role of the Supreme Court in Society." *University of New Brunswick Law Journal / Revue de droit de l'Université du Nouveau-Brunswick* 40 (1991), pp. 173-92.

Ritchie, William Johnstone. *Observations of the Chief Justice of New Brunswick on a Bill Entitled "An Act to Establish a Supreme Court for the Dominion of Canada."* Fredericton, N.B.: G. E. Fenety, 1870.

Robinette, John J. "A Counsel Looks at the Court." *Canadian Bar Review / Revue du Barreau canadien* 53 (1975), pp. 558-62.

Russell, Peter. "The Political Role of the Supreme Court of Canada in Its First Century." *Canadian Bar Review / Revue du Barreau canadien* 53 (1975), pp. 576-96.

Russell, Peter H. *The Supreme Court of Canada as a Bilingual and Bicultural Institution.* Ottawa: Queen's Printer, 1969.

Scott, F. R. "Some Privy Counsel." *Canadian Bar Review* 28 (1950), p. 780.

Snell, James G. and F. Vaughan. *The Supreme Court of Canada: History of the Institution.* Toronto: University of Toronto Press, 1985.

Sossin, L. "The Sounds of Silence: Law Clerks, Policy Making and the Supreme Court of Canada." *University of British Columbia Law Review* 30 (1996), pp. 279-308.

Swinton, Katherine. *The Supreme Court and Canadian Federalism: The Laskin-Dickson Years.* Toronto: Carswell, 1990.

Trethewey, Paul. "A Bibliography of the Supreme Court of Canada." *Osgoode Hall Law Journal* 14 (1976), pp. 425-43.

Weiler, Paul. *In the Last Resort: A Critical Study of the Supreme Court of Canada.* Toronto: Carswell, 1974.

THE JUDGES / LES JUGES

LOUISE ARBOUR

Ignatieff, Michael. "The Trials of Louise Arbour." *Saturday Night*, October 1999, pp. 42-52.

Makin, Kirk. "Louise Arbour's Bench Strengths." *Globe and Mail*, 31 May 1999, pp. A1, A21.

Off, Carol. "The Prosecutor." *Elm Street*, Summer 1999, pp. 28-30, 32, 34, 36, 38.

MICHEL BASTARACHE

Bastarache, Michel. "The Challenge of the Law in the New Millennium." *Manitoba Law Journal* 25 (1998), pp. 411-9.

Foucher, Pierre. « M. le juge Michel Bastarache ». *Solicitor's Journal / Bulletin des avocats* 14, 1 (1997), p. 13.

MacLauchlan, H. Wade. "Canada's Newest Supreme Court Judge: Hon. Michel Bastarache." *Constitutional Forum / Forum constitutionnel*, 9 (1997), pp. 25-6.

JEAN BEETZ

Conklin, William E. "The Constitutional Prism of Louis-Philippe Pigeon and Jean Beetz." *Cahiers de droit* 30 (1989), pp. 113-36.

« Études juridiques en l'honneur de Jean Beetz ». *Revue juridique Thémis* 28 (1994), pp. 305-31.

Mélanges Jean Beetz. Montréal, Éditions Thémis, 1995.

WILLIAM IAN CORNEIL BINNIE

Bourrie, Mark. "From Bar to Bench: Ian Binnie." *Canadian Lawyer*, August 1998, pp. 22-6.

Ortved, Niels, et al. "Mr. Binnie Goes to Ottawa." *Advocates' Society Journal* 17, 2 (1998), pp. 5-12.

Schmitz, Cristin. "A Passion for Advocacy." *Lawyers Weekly*, 13 February 1998, pp. 1, 17-8.

LOUIS-PHILIPPE BRODEUR

Mignault, P. B. « Le Juge Brodeur ». *Revue du droit* 2 (1924), pp. 241-7.

JOHN ROBERT CARTWRIGHT

Campbell, W. K. "The Right Honourable John Cartwright." *Law Society Gazette* 12 (1978), pp. 326-43.

PETER deCARTERET CORY

Schmitz, Cristin. "Ottawa Dicta: The Cory Legacy, as the 'Voice of the Court.'" *Lawyers Weekly*, 23 July 1999, p. 6.

LOUIS-PHILIPPE DE GRANDPRÉ

de Grandpré, Louis-Philippe. "Canada: A Broken Experiment?" *Journal (Canadian Bar Association)* 4 (January 1973), pp. 1-4.

ROBERT GEORGE BRIAN DICKSON

Dickson, Brian. "The *Canadian Charter of Rights and Freedoms*: Dawn of a New Era?" *Review of Constitutional Studies / Revue d'études constitutionelles* 2 (1994), pp. 1-19.

Guth, DeLloyd J., ed. *Brian Dickson at the Supreme Court of Canada*. Winnipeg: Published for the Supreme Court of Canada Historical Society by the Canadian Legal History Project, Faculty of Law, University of Manitoba, 1998.

MacPherson, James C. "Rt. Hon. Brian Dickson, Chief Justice of Canada: The Passion and Action of His Time." *Windsor Review of Legal and Social Issues / Revue des affaires juridiques et sociales – Windsor* 9 (1999), pp. 1-4.

Penner, Roland, ed. *The Dickson Legacy*. [N.p]: Legal Research Institute of the University of Manitoba, 1992.

Sharpe, Robert J. "Brian Dickson: Portrait of a Judge." *Advocates' Society Journal* 17, 3 (Summer 1998), pp. 3-38.

LYMAN POORE DUFF

Gold, Richard. "Sir Lyman Duff and the Fork in the Road." *University of Toronto, Faculty of Law Review* 46 (1988), pp. 424-55.

Williams, David Ricardo. *Duff: A Life in the Law*. Vancouver: University of British Columbia Press in association with the Osgoode Society, 1984.

WILLARD ZEBEDEE ESTEY

Estey, Willard. "The Changing Role of the Judiciary." *Cambridge Lectures* (1983), pp. 329-39.

Estey, Willard. "Who Needs Courts?" *Windsor Yearbook of Access to Justice / Recueil annuel de Windsor d'accès à la justice* 1 (1981), pp. 263-80.

JOSEPH HONORÉ GÉRALD FAUTEUX

Fauteux, Gérald. « Le Droit et ses techniques ». *Thémis* (1959-1960), pp. 22-30.

Fauteux, Hon. H. G. "The Civil Code of Québec." *University of British Columbia Legal Notes* 1 (1952), pp. 215-23.

CHARLES FITZPATRICK

Fitzpatrick, Sir Charles. "The Constitution of Canada." *Canadian Law Times* 34 (1914), pp. 1016-32.

"The Hon. Charles Fitzpatrick, K.C., Chief Justice of the Supreme Court of Canada." *Canada Law Journal* 42, 12 (June 1906), p. 409.

TÉLESPHORE FOURNIER

Rinfret, T. « Le Juge Télesphore Fournier ». *Revue trimestrielle canadienne* 12 (mars 1926), pp. 1-16.

CHARLES DOHERTY GONTHIER

Gonthier, Charles. "Some Comments on the Common Law and the Civil Law in Canada: Influences, Parallel Developments and Borrowings." *Canadian Business Law Journal / Revue canadienne du droit de commerce* 21 (1993), pp. 323-34.

Gonthier, Charles. "What is Professionalism?" *Law Society Gazette* 26 (March 1992), pp. 10-19.

Gonthier, Charles. "Remarks on the Charter: Rights, Duties and Responsibilities." *University of New Brunswick Law Journal / Revue de droit de l'Université du Nouveau-Brunswick* 40 (1991), pp. 193-207.

Gonthier, Charles D. "Liberty, Equality, Fraternity: The Forgotten Leg of the Trilogy, or Fraternity: The Unspoken Third Pillar of Democracy." *McGill Law Journal / Revue de droit de McGill* 45, 3 (2000), pp. 567-89.

JOHN WELLINGTON GWYNNE

Romney, Paul. "From Railway Construction to Constitutional Construction: John Wellington Gwynne's National Dream." *Manitoba Law Journal / Revue de droit manitobain* 20 (1990), pp. 91-106.

EMMETT MATTHEW HALL

"Conscience of Canada: Emmett Hall Helped to Shape Social Programs." *Maclean's*, 27 November 1995, p. 24.

Gruending, Dennis. *Emmett Hall: Establishment Radical*. Toronto: MacMillan, 1985.

Hall, Emmett. "The Creative Role of the Lawyer." In *Legal Education at Calgary: Beyond Socrates*. Calgary: University of Calgary Faculty of Law, 1977, pp. 26-8.

Hall, Emmett. "Freedom under Law." *Gazette* 9 (1975), pp. 102-7.

FRANK IACOBUCCI

Guth, DeLloyd J. "On the Front Cover the Honourable Mr. Justice Frank Iacobucci." *Advocate* 49 (November 1991), pp. 853-6.

Iacobucci, Frank. "Striking a Balance: Trying to Find the Happy and Good Life within and beyond the Legal Profession." *Law Society Gazette* 26 (September 1992), pp. 205-18.

GÉRARD VINCENT LA FOREST

Bibliography: Gerard V. La Forest, 1992. Fredericton, N.B.: Gerard V. La Forest Law Library, 1992.

La Forest, Gerard. "Some Impressions on Judging." *University of New Brunswick Law Journal / Revue de droit de l'Université du Nouveau-Brunswick* 35 (1986), pp. 145-56.

La Forest, Gerard. "The *Canadian Charter of Rights and Freedoms*: An Overview." *Canadian Bar Review / Revue du Barreau canadien* 61 (1983), pp. 19-29.

ANTONIO LAMER

"Antonio Lamer, Justice, Supreme Court." In Garry Sturgess and Philip Chubb, *Judging the World: Law and Politics in the World's Leading Courts*. Sydney, Australia: Butterworths, 1988, pp. 387-92.

Crawford, Michael G. "The Supreme Being: An Interview with C. J. Antonio Lamer." *Canadian Lawyer* (September 1991), pp. 39-42.

Grondin, Normand. « Le gardien de la Charte ». *L'Actualité*, 15 mai 1991, pp. 62-3, 66, 68.

Lamer, Antonio. "Canada's Legal Revolution: Judging in the Age of the Charter of Rights." *Israel Law Review* 28, 4 (1994), pp. 579-88.

Rochon, France et I. Huard. « Bientôt 30 ans de magistrature et toujours le "feu sacré"... ». *La Presse Juridique*, 25 décembre 1998, pp. 1, 8-9, 16.

Schmitz, Cristin. "Top Judge Celebrates Past, Looks to Future." *Lawyers Weekly*, 5 February 1999, pp. 1, 3.

BORA LASKIN

Abella, Irving. "The Making of a Chief Justice: Bora Laskin, the Early Years." *Cambridge Lectures* (1989), pp. 159-66.

"Chief Justice Bora Laskin: A Tribute." *University of Toronto Law Journal* 35 (1985), pp. 321-727.

Laskin, Bora. "The Meaning and Scope of Judicial Independence." In F. L. Morton, ed., *Law, Politics and the Judicial System in Canada*. Calgary: University of Calgary Press, 1984, pp. 115-20.

Laskin, Bora. "The Function of the Law." *Alberta Law Review* 11 (1973), pp. 118-22.

Laskin, Bora. "The Lawyer's Responsibility in the Supervision of the Legal Order." *Gazette* 5 (1971), pp. 63-8.

Laskin, Bora. *The British Tradition in Canadian Law*. Toronto: Carswell, 1969.

"The Legacy of Bora Laskin." *Maclean's*, 9 April 1984, pp. 44-5.

McCormick, Peter. "Follow the Leader: Judicial Power and Judicial Leadership on the Laskin Court, 1973-1984." *Queen's Law Journal* 24 (1998), pp. 237-77.

LOUIS LEBEL

Richer, Jules. « Le juge Louis LeBel est accueilli officiellement à la Cour

Suprême ». *La Presse*, 15 février 2000, p. B8.

GERALD ERIC LE DAIN

Lajoie, Andrée et Louise Rolland. « Gerald Le Dain : Sur la société libre et démocratique ». *McGill Law Journal / Revue de droit de McGill* 38 (octobre 1993), pp. 899-938.

Le Dain, Gerald. "The Quest for Justice: The Role of the Profession." *University of New Brunswick Law Journal* 19 (1969), pp. 18-29.

CLAIRE L'HEUREUX-DUBÉ

Aubry, Benoît. « Claire L'Heureux-Dubé : Franchise et justice ». *Entreprendre* 9 (1996), pp. 41-2.

L'Heureux-Dubé, Claire. "Canadian Justice: Celebrating Differences and Sharing Problems." *Journal of Supreme Court History* (1995), pp. 5-10.

Scassa, Teresa. "Claire L'Heureux-Dubé (1927-)." In Rebecca Mae Salokar and Mary L.Volcansek, eds., *Women in Law: A Bio-Bibliographical Sourcebook*. Westport, CT: Greenwood Press, 1996, pp. 136-43.

CHARLES HOLLAND LOCKE

Locke, C. C. "Charles Holland Locke, M.C., K.C." *Advocate* 49 (January, March, May 1991), pp. 79-87, 186-203, 361-8.

JOHN CHARLES MAJOR

Fine, Sean. "A 'Lawyer's Lawyer' Ascends to the Top Court." *Globe and Mail*, 23 January 1993, p. D5.

Martin, Kevin. "Major League." *Calgary Sun*, 13 December 1992, p. S11.

RONALD MARTLAND

Bowker, Wilbur F. "The Honourable Ronald Martland." *Alberta Law Review* 29 (1991), pp. 537-8.

BEVERLEY MCLACHLIN

Fine, Sean. "The Most Important Woman in Canada." *Saturday Night*, December 1995, pp. 46-50, 54, 56.

Kentridge, Catherine. "Views from the Bench, Part I." *Canadian Lawyer* 18, 8 (October 1994), pp. 18-22.

McLachlin, Beverley. "The Evolution of Equality." *Advocate* 54 (July 1996), pp. 559-66.

McLachlin, Beverley. "The Role of Judges in Modern Commonwealth Society." *Law Quarterly Review* 110 (1994), pp. 260-9.

Smith, C. Lynn. "Beverley McLachlin (1943-)." In Rebecca Mae Salokar and Mary L.Volcansek, eds., *Women in Law: A Bio-Bibliographical Sourcebook*. Westport, CT: Greenwood Press, 1996, pp. 159-70.

Wallace, Bruce. "Stepping Out into the Light." *Maclean's*, 15 November 1999, pp. 32-4.

PIERRE-BASILE MIGNAULT

Castel, J.-G. « Le juge Mignault : Défenseur de l'intégrité du droit civil québécois ». *Canadian Bar Review / Revue du Barreau canadien* 53 (1975), pp. 544-57.

Marin, A. *L'Honorable Pierre-Basile Mignault*. Montréal, Fides, 1946.

Nadeau, Jean-Marie. « Pierre-Basile Mignault ». *Revue du Barreau* 7 (1947), pp. 61-6.

Tremblay, Guy-Gérard. « La pensée constitutionnelle du juge Pierre-Basile Mignault ». *Cahiers de droit* 34 (mars 1993), pp. 257-88.

DAVID MILLS

Stychin, Carl. "Formalism, Liberalism, Federalism: David Mills and the Rule of Law Vision in Canada." *University of Toronto, Faculty of Law Review* 46 (1988), pp. 201-25.

LOUIS-PHILIPPE PIGEON

Beaudoin, Gérald-A. « L'honorable Louis-Philippe Pigeon 1905-1986 ». *Revue générale de droit* 17 (1986), pp. 423-6.

Conklin, William E. "The Constitutional Prism of Louis-Philippe Pigeon and Jean Beetz." *Cahiers de droit* 30 (March 1989), pp. 113-36.

Mélanges Louis-Philippe Pigeon. Montréal, Wilson & Lafleur, 1989.

Pigeon, Louis-Philippe. "The Human Element in the Judicial Process." *Alberta Law Review* 8 (1970), pp. 301-4.

IVAN CLEVELAND RAND

Cartwright, J. R. "Ivan Cleveland Rand (1884-1969)." *Canadian Bar Review / Revue du Barreau canadien* 47 (1969), pp. 155-60.

Rand, I. C. "Legal Education in Canada." *Canadian Bar Review* 32 (1954), pp. 387-418.

WILLIAM BUELL RICHARDS

Disottel, Russ. "First Chief Justice of the Supreme Court." *The Recorder & Times*, 27 June 1988, p. S16.

ROLAND ALMON RITCHIE

Stinson, Thomas. "Mr. Justice Roland Ritchie: A Biography." *Dalhousie Law Journal* 17 (Fall 1994), pp. 509-33.

WILLIAM JOHNSTONE RITCHIE

Bale, Gordon. *Chief Justice William Johnstone Ritchie: Responsible Government and Judicial Review*. Ottawa: Carleton University Press, 1991.

JOHN SOPINKA

Corelli, Rae. "A Fighter for Justice: The Supreme Court Mourns the Loss of a Celebrated Colleague." *Maclean's*, 8 December 1997, p. 34.

Iacobucci, Frank. "In Memoriam: John Sopinka." *Advocates' Society Journal* 17, 1 (Winter 1997/1998), pp. 22-3.

Kates, Christine J. N. "In Conversation: John Sopinka." *Advocates' Society Journal* 17, 1 (Winter 1997/1998), pp. 12-8.

McLachlin, Beverley. "John Sopinka: A Tribute." *Advocates' Society Journal* 17, 1 (Winter 1997/1998), pp. 20-1.

Sopinka, John. "Must a Judge Be a Monk—Revisited." *University of New Brunswick Law Journal / Revue de droit de l'Université du Nouveau-Brunswick* 45 (1996), pp. 167-74.

ROBERT TASCHEREAU

"The Amazing Taschereaus." *The Globe Magazine*, 2 November 1963, pp. 6-8, 15.

BERTHA WILSON

Boyle, Christine. "The Role of the Judiciary in the Work of Madame Justice Wilson." *Dalhousie Law Journal* 15 (1992), pp. 241-60.

Dickson, Brian. "Madam Justice Wilson: Trailblazer for Justice." *Dalhousie Law Journal* 15 (July 1992), pp. 1-22.

Gwyn, Sandra. "Sense & Sensibility." *Saturday Night* (July 1985), pp. 13-9.

Halka, Elizabeth. "Madam Justice Bertha Wilson: A 'Different Voice' in the Supreme Court of Canada." *Alberta Law Review* 35 (1996), pp. 242-65.

Hawkins, Robert E. and R. Martin. "Democracy, Judging and Bertha Wilson." *McGill Law Journal / Revue de droit de McGill* 41 (1995), pp. 1-58.

Mossman, Mary Jane. "Bertha Wilson (1923-)." In Rebecca Mae Salokar and Mary L.Volcansek, eds., *Women in Law: A Bio-Bibliographical Sourcebook*. Westport, CT: Greenwood Press, 1996, pp. 338-47.

Wilson, Bertha. "Will Women Judges Really Make a Difference?" *Gazette* 24 (December 1990), pp. 261-74.

The Judges and the staff in the year 2000   Les juges et le personnel en l'an 2000

Acknowledgments

Remerciements

**SUPREME COURT OF CANADA
125th ANNIVERSARY COMMITTEE**

**COUR SUPRÊME DU CANADA
COMITÉ DU 125ᵉ ANNIVERSAIRE**

Justices	FRANK IACOBUCCI (Chair / Président) MICHEL BASTARACHE LOUISE ARBOUR	Juges
Registrar	ANNE ROLAND	Registraire
Executive Legal Officer to the Chief Justice	JAMES O'REILLY	Adjoint exécutif juridique du Juge en chef

125th ANNIVERSARY BOOK COMMITTEE

DIANE TEEPLE (Chair / Présidente) SUSAN BINNIE, ODILE CALDER, LYNE DeMELO, VALERIE DESJARLAIS, NICOLAS LABRECQUE, KENNETH LANE, JAMES O'REILLY, ANNE ROLAND

COMITÉ DU LIVRE DU 125ᵉ ANNIVERSAIRE

Editors	ODILE CALDER, JAMES O'REILLY, THE GORDON WRITING GROUP	**Rédacteurs**
Translation	LILIANE BARIBEAU, MARCELLE GENDRON, JOHN PRICE, BUREAU DE LA TRADUCTION (TPSGC) / TRANSLATION BUREAU (PWGSC)	**Traduction**
Research	NICOLAS LABRECQUE, DWIGHT NEWMAN, PETER O'DOHERTY, THE GORDON WRITING GROUP, HERITAGE RESEARCH ASSOCIATES	**Recherche**
Design	THE GORDON CREATIVE GROUP	**Conception graphique**
Design Consultant	PETER DE GANNES	**Consultant en conception graphique**

Many Organizations and Individuals Contributed to this Publication

Plusieurs personnes et organismes ont contribué à cette publication

Centre Canadien d'Architecture / Canadian Centre for Architecture: SUZELLE BAUDOUIN, ROBERT DESAULNIERS, JOCELYNE GERVAIS, VÉRONIQUE MALOUIN; *Canadian Government Publishing (PWGSC) / Éditions du gouvernement du Canada (TPSGC):* DAVID FORTIN, CHRISTINE LEDUC; *The Gordon Creative Group:* ROBERT CHITTY, MARGARET CAPE, ANDREA CHASTENAY, NANCIE MARUSCAK, ROYSTON NEALE, MICHELLE PIQUETTE; *The Gordon Writing Group:* PETER MOSKOS, MONIQUE COMEAU, JENNIFER LATHAM, ELIZABETH MACFIE, PAULA SOUSA, MALCOLM WILLIAMS; *Heritage Research Associates Inc.:* MARGARET CARTER, ELLEN KOWALCHUK, DAVID MCCONNELL; *Law Society of Upper Canada Archives / Archives de la Société du barreau du Haut-Canada:* SUSAN LEWTHWAITE; *Professors / les professeurs:* G.BLAINE BAKER (McGill University / Université McGill), JOHN M. BUMSTED (University of Manitoba / Université du Manitoba), ROBIN ELLIOT (University of British Columbia / Université de la Colombie-Britannique), PHILIP GIRARD (Dalhousie University / Université Dalhousie), W. WESLEY PUE (University of British Columbia / Université de la Colombie-Britannique); *Supreme Court of Canada / Cour suprême du Canada:* SUZANNE AUDET, RICHARD BERBERI, FRANCINE DEMERS, CHRISTIAN DESPRÉS, SALLY GRIFFIN, LESLIE HINDS, CAROLE LEFEBVRE, ALICIA LOO, CLAUDE MARQUIS, JUDITH RUBIN, WENDY SCHOENHERR-GEOFFROY, JACQUELINE STENCEL, LORRAINE TREMBLAY; *Translation Bureau / Bureau de la traduction (PWGSC) (TPSGC):* MARY FRANCES BELL, SHIRLEY HOCKIN.

Photo Credits

Références photographiques

COVER — PHILIPPE LANDREVILLE, photographer/photographe: *The Bench, Main Courtroom / Le banc des juges dans la salle d'audience principale.* MALAK, photographer/photographe: *Aerial photo / Vue aérienne.* — **COUVERTURE**

MOTIFS — PHILIPPE LANDREVILLE, photographer/photographe: *Supreme Court crest / Le sceau de la Cour suprême; rosette-Main Hall / rosette-hall d'honneur.* Unknown photographer/photographe inconnu: *The old Supreme Court Building / L'ancien édifice de la Cour.* MALAK, photographer/photographe: *light detail / détail d'un lustre; façade detail / détail de la façade; window detail of endpaper design / détail d'un vitrail, pages de garde.* — **MOTIFS**

PREFACE — PHILIPPE LANDREVILLE, photographer/photographe: *"Justice" by Walter S. Alward - Front Entrance / "Justice" de Walter S. Alward à l'entrée principale; The Supreme Court of Canada / La Cour suprême du Canada.* — **PRÉFACE**

HISTORY — **HISTOIRE**

Supreme Court of Canada Collection — Unknown photographer/photographe inconnu: *The Court's original courtroom / L'ancienne salle d'audience de la Cour.* W.A. SALTER, artist/artiste; photographed by/photographié par PHILIPPE LANDREVILLE: *The Court's original quarters / L'ancien édifice de la Cour.* PHILIPPE LANDREVILLE, photographer/photographe: *The site of the Court in 2000 / Le site de la Cour en 2000; The Bench, Main Courtroom / Le banc des juges dans la salle d'audience principale; The judges' Conference Room / La salle de réunion des juges.* — **Collection de la Cour suprême du Canada**

National Archives of Canada Collection — S.J. JARVIS, artist/artiste; photographed by/photographié par PHILIPPE LANDREVILLE: *Justices and court officials, 1894 / Juges et fonctionnaires de la Cour en 1894* (C-009750). W.J. TOPLEY, photographer/photographe: *Future site of the Court as it appeared in the 1880s / Le site futur de la Cour vers 1880* (PA-027392). MALAK, photographer/photographe: *Chief Justice Duff / Le juge en chef Duff* (1612-101); *A Justice's chambers / Le bureau d'un juge* (1612-142); *The Courtroom seen from the judges' Conference Room / La salle d'audience vue de la salle de réunion des juges* (1612-184). — **Collection des Archives nationales du Canada**

National Film Board – National Archives of Canada Collection — J.J. HISGROVE, photographer/photographe: *Spectators gather for the laying of the cornerstone in 1939 / La foule réunie pour la pose de la pierre angulaire en 1939* (PA-170922); *Queen Elizabeth lays the cornerstone of the new building in the presence of King George VI and Prime Minister Mackenzie King / La Reine Élizabeth pose la pierre angulaire du nouvel édifice en présence du Roi George VI et du Premier ministre Mackenzie King* (PA-170915). CHRIS LUND, photographer/photographe: *Chief Justice Rinfret presides over a citizenship ceremony in 1947 / Le juge en chef Rinfret préside une cérémonie de citoyenneté en 1947* (PA-189258). — **Office national du film – Collection des Archives nationales du Canada**

Unknown photographer/photographe inconnu: *The media gather for the ruling in the Quebec Secession Reference / La presse réunie pour l'annonce de la décision sur le Renvoi relatif à la sécession du Québec.*

CLAUDE LE SAUTEUR, artist/artiste: *Stamp commemorating the Court's 125th anniversary / Timbre commémorant le 125ᵉ anniversaire de la Cour,* © Canada Post / Postes Canada, reproduced with permission / reproduit avec autorisation.

BIOGRAPHIES

Supreme Court of Canada Collection

FRANCES RICHARDS, artist/artiste: *William Buell Richards.* A.D. PATTERSON, artist/artiste: *William Johnstone Ritchie.* ROBERT HARRIS, artist/artiste: *Samuel Henry Strong, Louis Henry Davies.* ERNEST FOSBERY, artist/artiste: *Henri-Elzéar Taschereau, Lyman Poore Duff.* K. FORBES, artist/artiste: *Charles Fitzpatrick, Francis Alexander Anglin, Thibaudeau Rinfret, Patrick Kerwin, John Robert Cartwright.* ETIZ, artist/artiste: *Robert Taschereau.* EVA PRAGER, artist/artiste: *Joseph Honoré Gérald Fauteux.* CLEEVE HORNE, artist/artiste: *Bora Laskin, Robert George Brian Dickson* (portraits photographed by / portraits photographiés par MICHAEL BEDFORD). BRUNO BOBAK, artist/artiste: *Antonio Lamer* (portrait photographed by / portrait photographié par LARRY MUNN). Portrait by unknown artist / Portrait par un artiste inconnu: *Jean-Thomas Taschereau.*

W.J. TOPLEY, photographer/photographe: *John Wellington Gwynne.* J. FRASER BRYCE, photographer/photographe: *James Maclennan.* MALAK, photographer/photographe: *Jean Beetz, Yves Pratte.* MICHAEL BEDFORD, photographer/photographe: *Ronald Martland, William Rogers McIntyre, Julien Chouinard, Bertha Wilson.* PAUL COUVRETTE, photographer/photographe: *Gérard Vincent La Forest, Claire L'Heureux-Dubé, William Alexander Stevenson, John Charles Major.* LARRY MUNN, photographer/photographe: *John Sopinka, Charles Doherty Gonthier, Peter deCarteret Cory, Frank Iacobucci, Michel Bastarache, William Ian Corneil Binnie, Louise Arbour.* PHILIPPE LANDREVILLE, photographer/photographe: *Beverley McLachlin, Louis LeBel.*

By unknown photographers/photographes inconnus: *George Edwin King, Edmund Leslie Newcombe, Oswald Smith Crocket, Frank Joseph Hughes, Henry Hague Davis, Albert Blellock Hudson, Ivan Cleveland Rand, Roy Lindsay Kellock, James Wilfred Estey, Charles Holland Locke, Emmett Matthew Hall, Gerald Eric Le Dain.*

National Archives of Canada Collection

W.J. TOPLEY, photographer/photographe: *Télesphore Fournier* (C-39959), *William Alexander Henry* (C-11349), *Christopher Salmon Patterson* (E57268), *Robert Sedgewick* (PA-12234), *Désiré Girouard* (PA-27699), *David Mills* (PA-25912), *Wallace Nesbitt* (PA-204618), *Albert Clements Killam* (PA-193371), *John Idington* (PA-42831), *Louis-Philippe Brodeur* (PA-28112). J.-A. CASTONGUAY, photographer/photographe: *John Henderson Lamont* (PA-804781).

BIOGRAPHIES

Collection de la Cour suprême du Canada

Collection des Archives nationales du Canada

National Film Board – National Archives of Canada Collection	AL BLAIR, photographer/photographe: *Douglas Charles Abbott* (PA-203966), *Wilfred Judson* (1990-295, # PC22C), *Roland Almon Ritchie* (1990-295, # PC23C). CHRIS LUND, photographer/photographe: *Henry Gratton Nolan* (1971-271, # 78171), *Louis-Philippe Pigeon* (1990-295, # 192C). Unknown NFB photographers / photographes inconnus de l'ONF: *Wishart Flett Spence* (1990-295, # PC191C), *Louis-Philippe de Grandpré* (1990-295, # PC41C), *Willard Zebedee Estey* (1990-295, # PC194C).	Office national du film – Collection des Archives nationales du Canada
National Library of Canada Collection	W.J. TOPLEY, photographer/photographe; artist/artiste unknown: *John Douglas Armour* (C-26627).	Collection de la Bibliothèque nationale du Canada
National Archives of Quebec	By unknown photographers / photographes inconnus: *Pierre-Basile Mignault* (P1000,S4,PM90), *Arthur Cyrille Albert Malouin* (P1000,S4,PM25-1), *Lawrence Arthur Dumoulin Cannon* (P1000,S4,PC3-1).	Archives nationales du Québec
Archives of Ontario	Unknown photographer / photographe inconnu: *Robert Smith* (RG22-522, #72).	Archives de l'Ontario

ARCHITECTURE

		L'ARCHITECTURE
Collection Centre Canadien d'Architecture/Canadian Centre for Architecture, Montréal	ERNEST CORMIER, architect/architecte: *Watercolour of the front elevation / Rendu à l'aquarelle de la façade* (01 ARC 116C); *Longitudinal section of the building / Coupe longitudinale de l'édifice* (01 ARC 092). HENRI PAUL, photographer/photographe: *Model based on the Greber plan for Parliament Hill / Maquette reconstituant le plan Gréber pour la colline parlementaire* (01 ARC 882). Photographs/photographies, MICHEL BOULET, Services photographiques et l'audiovisuel, CCA.	Collection Centre Canadien d'Architecture/Canadian Centre for Architecture, Montréal
National Archives of Canada Collection	MALAK, photographer/photographe: *Torchere designed by Cormier and the Confederation Building in the background / Torchère dessinée par Cormier et l'édifice de la Confédération à l'arrière-plan* (1612-65); *The Court seen from the Ottawa River / La Cour vue de la rivière des Outaouais* (1612-127); *The grand staircase leading to the Courtroom / L'escalier d'honneur menant à la salle d'audience* (1612-151); *Fireplace and furniture designed by Cormier / Cheminée et mobilier dessinés par Cormier* (1612-196). GEORGE NAKASH, photographer/photographe: *Ernest Cormier* (PA-500811), reproduced with permission / reproduit avec autorisation.	Collection des Archives nationales du Canada
Supreme Court of Canada Collection	PHILIPPE LANDREVILLE, photographer/photographe: *Play of light in the main hall / Effets de lumière dans le hall d'honneur; The front steps / Le parvis; Turret, chimneys and dormers in one of the courtyards / Tourelle, cheminées et lucarnes dans une des cours intérieures; Stained glass window in the main hall / Vitrail du hall d'honneur; A staircase with grey Missisquoi marble / Un escalier en marbre gris de Missisquoi; The bronze doors at the main entrance / Les portes de bronze de l'entrée principale.*	Collection de la Cour suprême du Canada

ACKNOWLEDGMENTS

		REMERCIEMENTS
	PHILIPPE LANDREVILLE, photographer/photographe. *The Judges and the staff in the year 2000 / Les juges et le personnel en l'an 2000.*	